# 70歳からのキリスト教

## 聖書でたどる人生の旅

大澤秀夫

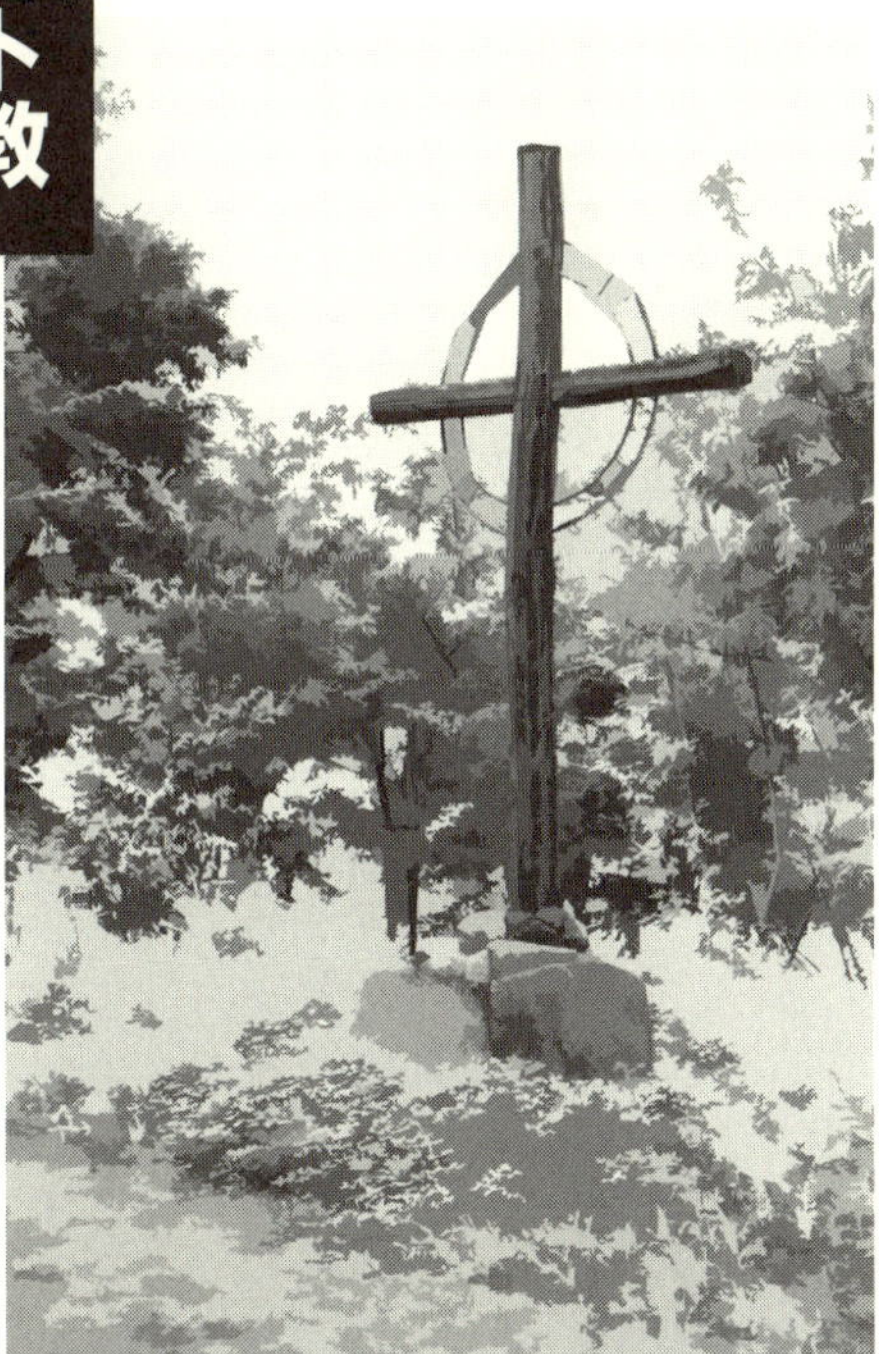

日本キリスト教団出版局

本書は『信徒の友』（２０２１年度と２０２３年度）に連載された「聖書世界をトレッキング」に加筆修正して書籍化したものです。

# はじめに

大澤　秀夫

旧約聖書の詩人は歌いました。「あなたの御言葉は、わたしの道の光　わたしの歩みを照らす灯《ともしび》」（詩編119編105節）。本当にそうだと思います。

私は妹に誘われて、小学6年生のとき、生まれて初めて日曜学校に行きました。そこで聖書に出会い、世界をお造りになった神さまがおられること、イエスさまが漁師たちを呼んで弟子にされたことを聞きました。だから、君のことも神さまは呼んでおられるのだ、と教わりました。

思い返してわかるのは、そこから今の私のすべてが始まっていたのだ、ということです。高校生のときに洗礼を受け、20代半ばで会社を辞めて神学校に進みました。牧師になり、家庭を持ち、東京、川崎、松本、新発田、そして茅ヶ崎の教会と学校で働きました。子どもの病気をきっかけに、町の人たちと力を合わせて活動をすることにもなりました。どんなときにも、私を導き、励ましてくれたのは聖書の言葉でした。

牧師を隠退して、山の見える町に移り住んだ２０２０年の春、思いがけない電話を受けました。「70歳からのキリスト教」という主題で文章を書きませんか、という提案でした。言われてみれば、私も70代です。君はたくさんの良いものを聖書から受けたのだから、少しは恩返しをしても良いのではないか、と言われた気がしました。

そして考えました。72歳の私がもう一度、聖書を読み直したら、同じ時代を生きる人たちに語る言葉が新しく見つかるかもしれない。こうしてできたのが、この本です。旧約編は２０２１年度に、新約編は２０２３年度に月刊誌『信徒の友』に掲載されました。今回、連載にいくつかの章を加えてこの本ができたとき、私は76歳になっていました。

「70代」とは、どのような年代なのだろうと、聖書を読みながら考えました。一口に70代と言っても個人差があります。むしろ一括りにできないところに高齢者の特徴があります。元気な人もたくさんいますが、そうは言っても何かしらの老化のきざしを抱えているものです。

私も現役時代には病院とはまったく縁がありませんでしたが、隠退したらすぐに病院通いになってしまいました。70歳を過ぎると、歩くのが遅くなり、眠りも浅くなります。できると思ったことができなくなります。自分の意識と体の現実が食い違ってくるのです。仕事から離れると、人との付き合いも減ってきます。身体的にも、社会的にも衰えを感じ

ると き、私たちは終わりを思わざるを得なくなります。こうして「終わりに向き合うこと」が私たち70代の課題になるのです。その答えはどこにあるのでしょうか。
この本では、聖書の中の旅人たちを取り上げて、この人たちがどのように終わりに向き合ったのか、どこに希望を見出したのかを読んでいきます。この本を書くことで、私はいくつかの発見をすることができました。皆さんもご自分なりの発見をしてくださったら、それは私にとっても本当にうれしいことです。

私が発見したのは、このようなことです。

第一は、「過去」についてです。つまり、私たちが本当に「終わりに向き合う」ためには、自分たちの過去を「しっかり終える」ことが必要なのです。自分が生きてきた過去をしっかりと見つめて、けじめをつけなくてはなりません。

しかし、それが私たちには難しいのです。ヨセフの兄弟たちの物語はそのことを教えています。与えられた恵みを一つひとつかぞえて神に感謝し、犯した罪を悔いて赦しを求め、和解しなければなりません。そのときにこそ、新しい生涯が始まります。起きたこと、起こしたことをなかったことにすることはできません。自分の過去を新しい仕方で受けとめ直し、しっかりと終えること、それがどのようにできるのか、それが私たちに残されている大きな課題です。

第二は、「現在」についてです。「今、このからだを、しっかりと生きる」ことが大切です。私たちの命は、時間と空間の中に、体を持つ命として、他の造られたすべてのものと響き合うようにと、神が造られた豊かな世界の内に置かれています。

ヨナの物語は、今、この場所から逃げ出してしまう預言者の物語です。ニネベの人々の運命に無関心だったヨナは、自分の命にも無関心です。しかし、神はヨナに対して決して無関心ではありません。ヨナを追いかけて、今、このときを隣人と共に生きるようにと呼びかけました。たとえ衰え、弱くなった体であっても、今、このとき、この場所で心を尽くして生きるところに神の祝福が現れます。主イエスが肉体をとって、この世界を生き抜かれたのは、私たちが地上の生涯を活き活きと生きるためでした。うれしい旅の仲間として、主イエスとその体である教会が、私たちに与えられています。

第三は、「将来」という視点です。私たちは「復活のいのちの希望に生きる」よう招かれています。死は終わりではありません。エルサレムの墓で、女たちはイエスの墓が空っぽになっているのを目撃しました。墓は行き止まりではなく、新しい命の出発点でした。主イエスの復活の命のうちに、私たちはついに一つにされるのです。すべての造られたものの世界は、キリストが来られる日に完成するという希望の内に、私たちは生きていきます。

この本は、70代の著者から、70代の皆さんに贈る応援歌、エールです。今、あるがままの自分を受け入れ、あるがままの隣人を受け入れ、地上の命の終わりに向かって、今日一日を惜しんで慈しみ、今しばらくの時を一緒に歩いていきましょう。地上の生涯の終わりは、イエス・キリストが約束してくださった新しいいのちの始まりです。

み国が来ますように、み心がなりますように。さようなら。ありがとう。またお会いしましょう。

はじめに

も＊く＊じ

## 新約編

＊本書の聖書の引用は『聖書　新共同訳』に基づく。

旧約編

# 呼ばれる

人のいのちは「呼ばれる」ことから始まる。神に呼ばれて出発する、それが信仰の人アブラハムの旅立ちだった。

## アブラハム

創世記 12・1～2

### トレッキングに出かけよう！

高齢になってからキリスト教に関心を持って本を読んだり、教会に通い始めたという人の話を聞くことが最近多い気がします。そういえば一般の出版社からも、シニアに向けたキリスト教の本が出版されるようになりました。

かつてキリスト教は青年の宗教と言われましたが、今ではむしろ、それなりの人生経験を踏まえた人々がキリスト教に道を求めるようになってきたのです。シニア世代の一人として私も、新しい気持ちで聖書の世界を探索する旅を始めたいと思います。さあ、ご一緒に聖書をトレッキングする旅を始めましょう。

＊

すこし長い期間をかけて山麓を歩く旅、そ

れがトレッキングです。先日、親しい先輩から、マッターホルンを背景にした手作り絵葉書をいただきました。仕事を引退したので、妻への長年の感謝と慰労の気持ちを込めて、夫婦でスイス・アルプスのトレッキングに出かけたというのです。美しい山々を仰ぎながら2人で山麓をたどる旅は、自分たちの歩んできた生涯を思い返し、生き直す旅でもあったことでしょう。

峠にいたる登り道の苦しさ、登り切ったときに開かれる眺望のすばらしさ、それは私たちの人生の困難と喜びにも通じています。ひたすらに山頂を目指すのでなく、一歩一歩ゆっくり踏みしめていく。そんな道のたどり方こそ、歳を重ねてきた者にはふさわしいのです。

## 呼ばれて出発したアブラハム

聖書の世界をトレッキングしようとするとき、最初に見えてくる高峰、それがアブラハムという人物です。旧約聖書の最初の文書、創世記12章1〜2節にアブラハムの召命のエピソードがあります。ここでは彼はまだアブラムと呼ばれています。

主はアブラムに言われた。

「あなたは生まれ故郷　父の家を離れて　わたしが示す地に行きなさい。わたしはあなたを大いなる国民にし　あなたを祝福し、あなたの名を高める　祝福の源となるように。……」

神に呼ばれて出発した人、それがアブラハムです。人のいのちは、呼ばれることから始まります。生まれたばかりの赤ちゃんはくりかえし呼びかけられることで、かけがえのない、尊く愛されてある者としての自分を知るようになります。

「呼ばれる」ということは、人間にとっての基本的な経験です。呼ばれることで私たちはいのちへと呼び出され、呼び声に応えることで、自分をつくり上げていきます。

聖書には「召命（コーリング）」と呼ばれる物語がくりかえし出てきます。エジプトからの脱出を導いたモーセ、王国時代の預言者エレミヤ、そしてイザヤ、主イエスに呼び出された弟子たち、ローマ帝国の隅々を歩いた使徒パウロ。それらの人々の原型とも言うべき人物がアブラハムです。そこで彼は「信仰の父」と言われます。

## 70代からの新しいこと

アブラハムが旅を始めたのは75歳のときでした。その後、彼は１００年生きますが、アブラハムの生涯の大事なことは全部、75歳を過ぎてから起きました。

日本では75歳になると後期高齢者と呼ばれますが、だからと言って「新しいことは何もない。後は、まわりに迷惑をかけないよう、身の始末をするだけだ」などと考えているとしたら、それはアブラハムとは縁遠い生き方です。

確かに75歳になれば弱さも出てきますし、体力、気力も衰えます。自分の持っている能力から発想する限り、新しいことは何も起こらないということになるのでしょう。しかし、神さまの側から発想したらそれは違います。神さまの時間のひろがりは私たちの尺度を超えています。１００年後、１千年後に向かって開かれている神の可能性と計画に思いを向けるとき、私たちの心はなお将来に向かって開かれていきます。

神がアブラハムに与えた約束は、多くの人々の「祝福の源となる」ということでした。自分の幸せだけでなく、自分の生きることが同時にまわりの人々全体の幸せになるような生涯を、神はアブラハムに約束されました。それは、まわりの人をみな競争相手としか見ることのできない生き方とはまったく違う生き方です。70代、それは新しい生き方を始めるときです。

旧約編

# しっかり抱きしめる

女主人サラとの確執で「人生の荒れ野」をさまよう奴隷のハガル。そしてその主人の元を追い出されたことによって得た自由。

## ハガル

創世記 21・17 ～ 18

### 荒れ野への逃亡

アブラハムから始まった聖書トレッキングの旅、次はハガルを取り上げます。ハガルはアブラハムの妻、サラの女奴隷です。飢饉《ききん》を避けて過ごしたエジプトでアブラハムは多くの羊や牛の群れと、男女の奴隷を得ました。おそらくハガルはその奴隷の1人です。

神の約束にもかかわらず子どもが与えられなかったサラは、ハガルをアブラハムの妻として差し出しました。自分の奴隷に生まれた子どもは、サラの子どもになるのです。ところがハガルは妊娠するとサラを軽んじるようになりました。子どもを宿した若い女性ハガルは、喜びと誇らしさでいっぱいだったのでしょう。サラは怒ってアブラハムに訴えます。アブラハムの答えは「あなたの女奴隷はあなたのものだ。好きなようにするがいい」（創世記16・6）でした。サラの虐待が始まると、耐えかねたハガルは荒れ野に逃亡します。それは身重のハガルにとって過酷な道でした。

荒れ野の泉のほとりでハガルは主の使いに出会います。使いはサラのもとに帰るようにうながし、「あなたの子孫を数えきれないほど多く増やす」と約束を与え、生まれてくる子を「イシュマエルと名付けなさい」と言います（16・10〜11）。神が見守ってくださることを知ったハガルは、サラのもとに帰り、男の子を産みました。これがハガル物語の第1幕です。

## 荒れ野をさまよった末に

その後、サラにもイサクが生まれます。ここからがハガル物語の第2幕です。イシュマエルが邪魔になったサラは、彼を追い出すようにアブラハムに求めます（21・10）。アブラハムは非常に苦しみました。その子も自分の子だからです。しかし、結局アブラハムはハガル母子を天幕から追い出してしまいます。ここで聖書は、神がアブラハムに「あの女の息子（イシュマエル）も一つの国民の父とする。彼もあなたの子であるからだ」（21・13）という約束を与えたことを記していますが、何か言い訳のようにも聞こえます。

荒れ野をさまよう母と子の革袋の水もなくなりました。子どもが死ぬのを見ていられなくなったハガルは、離れたところに座り込みます。するとそのとき、神の使いがハガルに呼びかけました。

神はあそこにいる子供の泣き声を聞かれた。立って行って、あの子を抱き上げ、お前の腕でしっかり抱き締めてやりなさい。わたしは、必ずあの子を大きな国民とする。（21・17～18）

目を開かれたハガルは井戸を見つけ、行って革袋に水を満たし、子どもに飲ませます。奴隷のハガルは、これまで主人であるサラとアブラハムの命令に服従する他はありませんでした。しかし、もう彼女は誰の奴隷でも道具でもありません。かけがえのない、愛する者を守るために生きる1人の女性です。彼女はしっかりとイシュマエルを抱きしめます。

その後、子どもは神の約束どおり成長し、ハガルはエジプトからイシュマエルのために妻を迎えます（21・21）。イシュマエルの子孫は12の部族となりました（25・16）。

アブラハムが175歳で亡くなると、イシュマエルはサラの子イサクとともに、アブラハムをマクペラの洞穴に葬りました（25・9）。2人のそれぞれの母親の間には厳しい愛憎の葛藤がありました。しかし、その息子たちはこうして一緒にアブラハムを葬ったのです。

イシュマエルとイサクが一緒に立つ姿を、ハガルは見ることができたのでしょうか。聖書には書いてありませんが、アブラハムたちよりずいぶん若かったハガルが、それを見たとしても決しておかしくはありません。

## 命を選んだハガル

ハガルの生涯には2つの荒れ野の危機がありました。第1幕では主の使いが虐待するサラのもとに戻るようにと、ハガルを励ましました。ハガルはおなかの子を産む決心をして、つらく厳しい場所に帰ります。第2幕では子どもが死ぬのを見ていられなくなったハガルは、いったんはその場を離れますが、神の呼びかけに目を開かれ、もう一度しっかり子どもを抱きしめます。子どもの泣き声を聞かれる神が、ハガルと共にいてくださったのです。荒れ野において、神の声に導かれたハガルは繰り返し命を選びました。

私たちの生涯にも荒れ野のような時があります。老いることもまた一つの荒れ野です。しかし、私たちには荒れ野で語りかけてくださる神がおられます。

旧約編

# 水１杯のもてなし

日常のささいな営み、ささやかな水１杯のもてなしと気遣いが、驚くべき神の導きと慈しみをあらわにしていく。

## エリエゼル

創世記 24・17 ～ 20

２人の老人が何か真剣に話し合っています（創世記24・２～９）。年老いてから与えられた息子のために、故郷から妻となる娘を連れてくるようにと、アブラハムは最長老の僕《しもべ》に命じました。自分亡き後、残される者のためにできる限りのことをしておきたい。それが、年老いた者のいつも考えることなのです。

ここに僕の名は記されていませんが、この僕は15章２節に出てくるエリエゼルだと理解されてきました。

### リベカとの出会い

エリエゼルは、さっそくらくだ10頭を選び、贈り物を携えて出発しました。荒れ野を越えてたどり着いた町はずれの井戸の傍らで、エリエゼルは神に祈りました。「主人アブラハムの神、主よ。……この町に住む人の娘たちが水をくみに来たとき、その一人に、『どうか、水がめを傾けて、飲ませてください』と頼んでみます。その娘が、『どうぞ、お飲みください。らくだにも飲ませてあげましょう』と答えれば、彼女こそ、あなたがあなたの僕イサクの嫁としてお決めになったものとさせてください」（24・12〜14）。

するとと彼が祈り終わらないうちに、一人の娘が水をくみにやってきて、祈ったとおりのことが起こりました。

僕は駆け寄り、彼女に向かい合って語りかけた。「水がめの水を少し飲ませてくださ い。」すると彼女は、「どうぞ、お飲みください」と答え、すぐに水がめを下ろして手に抱え、彼に飲ませた。彼が飲み終わると、彼女は、「らくだにも水をくんで来て、たっぷり飲ませてあげましょう」と言いながら、すぐにかめの水を水槽に空け、また水をくみに井戸に走って行った。（24・17〜20）

驚くべきことに、それはアブラハムの兄弟ナホルの孫娘リベカでした。エリエゼルはひざまずいて主を伏し拝み、「主はわたしの旅路を導き、主人の一族の家にたどりつかせてくださいました」（24・27）と感謝の祈りをささげました。

このエピソードは創世記の中でも際立って長い叙述です。エリエゼルの祈り、実際の行動、そしてエリエゼルの報告という形で、同じ経過が3度も繰り返されています。そしてそのことで、聞き手はリベカとエリエゼルの出会いが決して偶然ではなく、神の慈しみのもとにあったことを強く印象づけられます。

「神、主よ、慈しみを示してください」（24・12、14）というエリエゼルの祈り、そして「主の慈しみ」をほめたたえる感謝の祈り（24・26）によって、彼らの出会いは包まれています。

### 慈しみに対応する行動

神の慈しみに対応するのが、登場する人々の速やかな行動です。リベカは水をくむために井戸に走っていき、またエリエゼルの来訪を伝えるために家に向かって走ります。知らせを聞いた兄のラバンも泉のほとりに走っていきます。

エリエゼルは与えられた使命に向かってまっすぐに行動します。もてなしの食事を前にしたエリエゼルは「用件をお話しするまでは、食事をいただくわけにはまいりません」（24・33）と言い、リベカの結婚が決まると、出発を引き止める家族に対して「すぐに主人のもとに帰らせてください」と願います。

「一緒に行きますか」と意志を問われたリベカは「はい、参ります」（24・58）とはっきり答えました。彼らは皆、神の示される目標へとまっすぐに走るのです。

## 神の選びを知る知恵

それにしても、神の導きを求めてエリエゼルが井戸のほとりで祈ったとき、どうして彼は「水を飲ませる」という小さな行いを神の選びのしるしとしたのでしょうか。

私たちは、旅に疲れた主イエスもまた、サマリアの1人の女性に「水を飲ませてくださ い」と求めたことを思い出します（ヨハネ4・7）。残念なことにそのとき、彼女はすぐに主イエスに水を飲ませてあげることをしなかったのですが。

老人であるエリエゼルは1杯の水のもてなしの中に、神の導きと慈しみが現れることを知っていたのです。

99歳で亡くなる少し前に、母と交わしたやりとりを私は思い出しました。「なにか欲しいもの、あるかな」と聞くと、母の答えはこうでした。「なんにも、いらないよ。年を取ったらね、優しい言葉だけでいいんだよ」。

のどが渇いている人に1杯の水を用意すること、優しい言葉をかけること、小さなもてなしの尊さを知っていること、それこそが年老いた者に与えられる知恵であるのでしょう。

旧約編

# 祝福する

生きることの苦難があふれた自身の人生の中に、神の選びを見たヤコブ。彼の残された仕事は「祝福」を祈ることだった。

## ヤコブ

創世記 47・7～9

急な山道を登るときは一歩一歩、足元を見るばかりですが、尾根道のピークにたどり着いて振り返ると、通り越してきた峰の連なりが一望できて、いつのまにこんなに歩いて来たのかと驚くことがあります。誰にもこのように、自分の歩いて来た人生の道を振り返るときがあるのではありませんか。そして、そこで見る景色は若い日に感じていたものとは随分異なっているのです。

### ファラオの前に立つヤコブ

創世記12章から50章に繰り広げられるアブラハム、イサク、ヤコブと連なる族長たちの物語は、ちょうど高い山々が連なる山脈のようです。その結び近く47章には、この世的に考えるならば全く対照的な2人の人物の出会いが描かれています。一人は当時の最高権力者であるエジプトの王ファラオであり、その前に立っているのはイスラエルとも呼ばれるヤコブです。

ヤコブの12人の息子の一人であるヨセフは、兄弟たちに憎まれて奴隷として売られましたが、神の守りによりエジプトの宮廷責任者になっていました（創世記41・40）。飢饉《ききん》に直面したヤコブの息子たちは食糧を求めて赴いたエジプトでヨセフに再会し、家族は皆、エジプトに避難することになります。

こうして今、ヤコブはファラオの前に立っているのです。彼らは寄留の民であり、今の言葉で言うなら難民です。「あなたは何歳におなりですか」（47・8）というファラオの問いに、ヤコブは生涯を振り返りつつ答えます。

わたしの旅路の年月は百三十年です。わたしの生涯の年月は短く、苦しみ多く、わたしの先祖たちの生涯や旅路の年月には及びません。（47・9）

創世記25章から35章に至るヤコブ物語に、彼の波乱に満ちた生涯が描かれています。そこには兄エサウとの争いと策略、逃亡、結婚と独立までの苦役、再度の逃亡、妻の死、家庭内の葛藤、飢饉など、人として生きることの苦難があふれています。

今日の寿命を考えれば、ヤコブの130年という年月は決して短くありません。しかし、アブラハムの生涯が175年（25・7）、イサクも180年（35・28）ですから、比較すると短いということなのでしょうか。人生を振り返って多くの悔いを思わざるを得なかったヤコブの心が、その言葉からしのばれます。

ファラオは王としての寛大な仁慈《じんじ》をもって、ヤコブとその家族をエジプトに受け入れます。ヤコブは別れの挨拶をして退出します。この後、ヤコブは147歳で亡くなりました（47・28）。

ファラオとの面談の場面、私たちはヤコブがファラオに対して「祝福の言葉を述べ」ていること（47・7）に注目したいと思います。と言うのは、ここには一つの逆転があるからです。絶対的な権力者であるファラオが祝福するのではなく、難民であるヤコブが祝福するという逆転です。この世の秩序、身分や富とは異なった神の秩序がここに現れ出ているのです。

人間的な努力や戦いによって、富や地位は獲得できるかもしれません。しかし、神の祝福をつかみ取ることはできません。なぜなら祝福は神から来るものだからです。「神の祝福があなたの上にありますように」と、ヤコブはファラオのために祈りました。それは神の祝福なしには自分の人生が立ち行かなかったことを知っている者だけができる祈りです。

## ヤコブのような使命を負って

エジプトにおけるヤコブの残された日々は「祝福する」という一事に尽きています。ヨセフの子らを祝福し（48章）、イスラエルの12部族について後の日に起こることを語り、おのおのにふさわしい祝福を与えて（49章）、その生涯を閉じます。神の祝福を頼みとして生きることが人生の土台であることを、ヤコブはその生涯を通して知りました。神の約束に連なる希望（28・13〜15）、それこそヤコブの生涯が指し示していることです。

誰も自分の生まれる場所を選ぶことはできません。人生の途上におけるさまざまな出会いもまた自分で選んだのではなく、神から与えられたものだったことが、歳を重ねることでわかってきます。生涯の終わりもまた、そのようにして与えられるのでしょう。ですから、年老いた者の使命は、神の心がなりますようにと祈ることです。私たちは、「神の祝福があなたの上にありますように」と祈る者でありたいと思います。

旧約編

# 赦しを受けとる

若い日の裏切りと確執をひきずり、ヨセフの赦しを信じることのできない兄たちに、ヨセフが語った和解のための言葉。

## ヨセフの兄弟たち

創世記 **50・17**

旅に終わりがあるように、人の生涯にも終わりがあります。年を重ねると大切な人との別れの機会が増えてきます。とりわけ親を送ることは大事件です。そのとき、私たちは人生において大切なことは何であるのかを改めて思うのです。

ヤコブは自分の死が近いことを知って、息子ヨセフを呼んで言いました。「どうか、わたしをこのエジプトには葬らないでくれ。わたしが先祖たちと共に眠りについたなら、わたしをエジプトから運び出して、先祖たちの墓に葬ってほしい」（創世記47・29〜30）。そのヤコブの葬りが創世記の最後の章、50章前半に描かれています。

50章後半にはヤコブとヨセフの葬りをめぐるエピソードが続いて出てきます。

遺言どおり、父ヤコブを葬ったヨセフも自分の死に際して兄弟たちに言いました。「わたしは間もなく死にます。しかし、神は必ずあなたたちを顧みてくださり、この国からアブラハム、イサク、ヤコブに誓われた土地に導き上ってくださいます。……そのときには、わたしの骨をここから携えて上ってください」（50・24〜25）。

彼らは父祖たちに与えられた神の約束を望みつつ、その生涯を終えました。人間の生涯が地上の歩みだけで完結するものではないことを、彼らは知っていたのです。ですから、葬りは亡くなった人を偲び、過去を追憶するだけのことではありません。彼らが信じた約束と希望に私たちもつながる、という将来の次元を含んでいるのです。

## 湧き上がる不安

さて、ヤコブの葬りに話を戻します。ヨセフがヤコブを葬るためにカナンの地に行くことを願い出ると、ファラオはそれを許可し、重臣たちと戦車、騎兵を遣わしました。いわば国葬のようになったヨセフたちの盛大な葬列は、カナンの人々を驚かせました。

ところが、葬りを終えた兄弟たちの心に不安が湧いてきました。「父が死んでしまったので、ヨセフがことによると自分たちをまだ恨み、昔ヨセフにしたすべての悪に仕返しをするのではないか」（50・15）。そこで、兄弟たちは人を介してヨセフに父の言葉を伝えました。「お父さんは亡くなる前に、こう言っていました。『……確かに、兄たちはお前に悪いことをしたが、どうか兄たちの咎《とが》と罪を赦してやってほしい』」（50・16〜17）。

これを聞いて、ヨセフは涙を流した。（50・17）

どうして、ヨセフが泣いたのか、聖書はその理由を書いていませんが、考えられる理由の1つは、ヨセフが亡くなったヤコブの思いを知ったことです。「自分が死んだ後、子どもたちの間に争いがあってはならない」という父の思いを知って、ヨセフは涙を流しました。実は父のヤコブ自身も、かつて兄と争い、兄のエサウに赦されたことがあったのです。

## 渦巻く恐れを捨てて

しかし、これとは別な涙の理由を考えることもできます。と言うのは、ヨセフにとって兄弟たちとの和解はすでに済んだことだったからです。食糧を求めてエジプトにやって来た兄弟たちと、思いがけない再会をしたヨセフは声を上げて泣き、そして兄弟たちに言いました。「悔やんだり、責め合ったりする必要はありません。命を救うために、神がわたしをあなたたちより先にお遣わしになったのです」（45・5）。ヨセフは悪を善に変えてくださる神を見いだし、兄たちを赦したのです。

それにもかかわらず、兄弟たちの心の中には今も、不安と恐れが渦巻いていたのです。赦されるはずがないと恐れる兄弟たちを見て、ヨセフは涙を流しました。ヨセフはもう一度、兄弟たちに優しく語りかけます。「恐れることはありません。わたしが神に代わることができましょうか。……どうか恐れないでください」（50・19、21）。

ヨセフと兄弟たちのやり取りは、決してひとごととは思えません。私たちは実に頑固に「私は決して赦してなんかもらえない」と言い張ることがあります。赦しがそこに差し出されているのに、受け入れることができません。ですから私たちは繰り返し、自分の過ちとかたくなさを真っすぐに見つめる必要があるのでしょう。

罪を赦し、悪を善に変えてくださる神がおられます。今日こそ、恐れを捨て、信頼と感謝と献身をもって、神と隣人との前に出ていきましょう。

旧約編

# 山に登る

荒れ野の40年を経て約束の地を目前にし、人生の山頂に立つモーセ。しかし約束の地に入ることは許されない。

## モーセ

申命記 34・1

創世記12章から始まるアブラハム、イサク、ヤコブ、ヨセフの物語は、高い峰の連なりのように、神の救いの歴史を告げています。しかし、出エジプト記に入ると、その山並みは途切れて、暗い谷間をたどる道となります。

エジプトに避難したヤコブの子孫は、時を経るとともに数を増やしますが、ヨセフを知らない王、新しいファラオの時代になると、彼らは虐待され、酷使されるようになりました。この谷間の時代に、神から遣わされたのがモーセです。

創世記から申命記に至る5つの文書が「モーセ五書」と呼ばれるように、モーセは五書の中にそびえる単独峰と言ってもよい人物です。

## 3つの時期

モーセの生涯は40年ずつ、3つの時期に分けることができます。

第1期は誕生から40歳までの、ナイル河のほとりで過ごした時代です。ファラオによる殺害命令の下、一人のヘブライ人の男の子がナイル河畔に置かれます。ところが奇跡的に彼は、ファラオの王女によって拾い上げられます。「水の中から引き上げた（マーシャー）」ことから、彼はモーセと名づけられ、王女の子として育てられました。

第2の時期は40歳から80歳までの、荒れ野で羊飼いとして過ごした期間です。同胞を自分のリーダーシップで救い出すことに挫折したモーセは、エジプトを逃れ、ミディアンで寄留者となりました。ある日、羊の群れを追って荒れ野に行ったモーセは、神の山ホレブで神の呼びかけを聞き、民を救い出すためにエジプトに戻ります。

第3が、約束の地をめざして荒れ野を旅した80歳から120歳までの期間です。厳しいファラオとの交渉の末、イスラエルの人々はエジプトを出発しますが、ファラオの軍勢に追跡され、海へと追い詰められます。しかし、神は海を2つに分け、彼らは対岸へと水をくぐり抜けさせました。モーセの名前のとおりに、イスラエルの人々は水の中から引き上げられたのです。

## 山頂に立つときに

彼らはシナイ山の麓に到着します。山に登ったモーセは神から十戒を与えられ、神と民との間の契約が結ばれます。

その後、荒れ野の40年の旅を経て、約束の地を目前にしたモーセは、ネボ山の頂に立つよう神から命じられます。

モーセはモアブの平野からネボ山、すなわちエリコの向かいにあるピスガの山頂に登った。主はモーセに、すべての土地が見渡せるようにされた。（申命記34・1）

荒れ野の旅の始めと終わりに、モーセが山に登っていることには深い意味があります。山、それは聖書では、神にお会いする場所だからです。

私たちの日常の生活はおおかた、水平を見ることで成り立っています。しかし、生活の中心に垂直の軸を立てることが大切です。それによって私たちは、変わらないものに心を向けます。山頂で天と地の間に一人で立つように、私たちは神の前に立ちます。そのとき、私たちは深い孤独と同時に、自分が他の誰とも取り換えることのできない、かけがえのない私であることを知ります。

山頂に立つとき、与えられるもう一つのこと、それが３６０度の展望です。モーセは神が先祖たちに約束してくださった土地、そして将来の子どもたちが暮らすことになる土地を、神によって見渡しました。神の約束の空間的な広がりと、時間的な広がりの全体を見渡すことが許されたモーセの喜びは、どれほどであったことでしょう。

しかし、最後に神がモーセに「あなたはしかし、そこに渡って行くことはできない」（34・4）と言われたことを、私たちは見落とすことができません。荒れ野の旅の中、イスラエルの人々が神に反抗したときの責任を、モーセは問われたのです（民数記20章）。

これに対してモーセは一言も語ることなく、ただ聖書は「主の僕《しもべ》モーセは、主の命令によってモアブの地で死んだ」（申命記34・5）とだけ記しています。モーセは一緒に苦しい旅をたどり、亡くなったイスラエルの人々と共に在ることを受け入れたのでしょう。

私たちの命は限りあるもの、そして過ちと罪に満ちています。しかし、なお、それは神の祝福の下にある命です。命の日々を与えられていることの栄光を感謝し、喜びと希望をもって、今日なすべき分を、力を尽くして担っていきましょう。

旧約編

# 心に触れる言葉

家族を失い、うつろな心で帰郷したナオミ。しかし、嫁のルツの真心が思いがけなくナオミとルツの人生の扉を拓く。

## ナオミとルツ

ルツ記 2・13

旅は一人に限ると言う人がいますが、それでも私はいっしょに歩くことの楽しさを否定できないでいます。確かに人生は一人で始まり、一人で終わるものですが、その旅の途上で私たちは、喜びと悲しみを分かち合う同行者に行き合ってきたのではないでしょうか。それは旅する人にとって、慰めと励ましに満ちた祝福の時となったことでしょう。

「寒いね」と話しかければ「寒いね」と
答える人のいるあたたかさ

と歌人の俵万智は歌いました。共感と受容をもって呼び交わす友が与えられた人は幸せです。

### ナオミのうつろな帰郷

ナオミの生涯は苦難から始まりました。飢《き》

饉《きん》が国を襲ったので、家族4人でベツレヘムを離れて、隣の国に移り住みます。さまざまな事情で人々が難民になるのは、昔も今も同じです。移り住んだモアブで、夫エリメレクは2人の息子を残して亡くなります。ナオミの落胆と、その後の労苦はどれほどだったことでしょう。息子たちがモアブの娘と結婚した喜びもつかの間、息子たちも亡くなり、ナオミは一人残されてしまいます（ルツ記1・5）。人生の旅の同伴者である家族をすべて、ナオミは失ってしまったのです。

ベツレヘムに帰ろうと決心したナオミは、2人の嫁の将来を考えて、「自分の里（原文を直訳すると「母の家」）」に帰るよう勧め（1・8）、神が「新しい嫁ぎ先（同「夫の家」）」を与えてくださるようにと祈りました（1・9）。娘たちには、彼女たちの「家」が必要だからです。

一人の嫁オルパは帰って行きましたが、ルツは「あなたの民はわたしの民　あなたの神はわたしの神」と言って、ナオミを離れようとしません（1・16）。その決意が固いのを見たナオミは、ルツを連れてベツレヘムに帰りました。

うつろな心で帰郷したナオミですが、ほのかな希望が暗示されています。ナオミは一人ではありません。ルツの真心がナオミに伴っています。そして季節は大麦の刈り入れが始まるころ、飢饉は過ぎようとしています。

## ルツに示された厚意

ルツがナオミに言います。「畑に行ってみます」(2・2)。ルツの真心は行動として現れます。彼女が落ち穂拾いに出かけた畑の主人ボアズは、外国人の娘に親切でした。それは神によってエジプトから救い出された、神の民の心に染み込んでいる生き方でした。「収穫後の落ち穂を拾い集めてはならない。……これらは貧しい者や寄留者のために残しておかねばならない。わたしはあなたたちの神、主である」(レビ記19・9〜10)

人生の途上で行き合ったボアズの親切に、ルツは驚いて尋ねます。「よそ者のわたしにこれほど目をかけてくださるとは。厚意を示してくださるのは、なぜですか」(ルツ記2・10)。そして、感謝の言葉を伝えます。

心に触れる言葉をかけていただいて、本当に慰められました。(2・13)

ルツから畑の出来事を聞いたナオミは、ボアズとの結婚に向かってルツを促します。ボアズは彼らの親戚であり、家と先祖から受け継いだ土地を引き継ぐ責任のある者の一人だからです。ルツはナオミの指示どおりにボアズのもとに行きます。ボアズはルツの言葉に応えて、すみやかに行動します。

こうしてボアズはエリメレクの土地を買い取り、ルツを引き取って、妻としました。ベツレヘムの町の人々は、彼らを祝福して言います。「主をたたえよ。主はあなたを見捨てることなく、家を絶やさぬ責任のある人を今日お与えくださいました」（4・14）。「あなたが家に迎え入れる婦人を、どうか、主がイスラエルの家を建てたラケルとレアの二人のようにしてくださるように」（4・11）。

## 家を再建したものは

ベツレヘムという町の名前の意味は、「パン（レヘム）の家（ベート）」です。ルツ記の物語は、「パンの家」の飢饉から始まって、ナオミとルツの「家」が再建されることによって結ばれます。

家を建てること、それは血のつながりによるのではありません。貧しい者や寄留者を顧みる神の心、ルツの真心、ナオミの知恵、ボアズの親切を通して新しい家が再建されました。真心に根ざした丁寧な生き方、親切こそが平和の礎であり、神の民の心を受け継ぐ者の姿でしょう。

ベツレヘムの町にイエス・キリストがお生まれになるのは、ルツの時代から千年余り後のことでした。

旧約編

# 教える

年老いた者に与えられている大切な使命、それは次の世代に、「あなたは呼ばれている存在である」ことを示すこと。

## エリとサムエル

サムエル記上 3・9

少年サムエルがひざまずいて祈っている聖画は有名です。神に呼ばれたサムエルが「どうぞお話しください。僕《しもべ》は聞いております」と答える場面です。このときから、神はサムエルといつも共におられ、成長したサムエルはイスラエルのすべての人々から預言者として信頼される者となりました。

神の呼びかけに応えて生きる、それが聖書の教える人間の基本的な在り方です。アブラハムから預言者たち、主イエスの弟子、そして使徒の召命に至るまで、このことは聖書の物語を一貫しています。そして、それは私たち一人ひとりにとっても同じです。

### 衰えていくエリ

時代はイスラエルの人々がエジプトを脱出

し、士師たちが人々を導いていた時代の終わりのころです。エリはシロの町にある神殿の祭司でした。神殿にはモーセの十戒の石板が納められている主の契約の箱が安置されていました。

エリは長く祭司を務め、「非常に年老いて」（サムエル記上2・22）いました。エリの息子たちはならず者で、供え物をないがしろにし、悪行を行っていました。エリは「息子らよ、それはいけない」と諭しますが、彼らは耳を貸そうともしません（2・24〜25）。エリは「目がかすんできて、見えなくなって」（3・2）いたと記されていますが、それは単に彼の肉体的な衰えだけでなく、むしろ内面的な行き詰まりをも表しているようです。

## 祭司は他者の思いに寄り添う

他方、サムエルは母ハンナの祈りによって、神から与えられた子ども（1・20）です。それを長く子どもを与えられなかったハンナは、シロの神殿で一心に祈っていました。それを見た祭司エリは、彼女が酒に酔っているのだと誤解して注意します。「いいえ、違います。私は深い悩みをもっているのです」と言って、ハンナは自分の苦しみと願いをエリに打ち明けました。エリは彼女の訴えを聞いて、「安心して帰りなさい。神があなたの願うことをかなえてくださるように」とハンナに答えました。

他の人の苦しみに直面するとき、私たちはその人に解答を与えることはなかなかできません。しかし、その思いに寄り添って、その心を神の前に差し出すことはできます。エリはハンナの祈りを神に取り次ぎました。だから、ハンナの「表情はもはや前のようではなかった」（1・18）のです。

サムエルが生まれ、乳離れすると、ハンナはサムエルをエリのもとに連れてきました。「この子は生涯、主にゆだねられた者です」（1・28）。

## 年重ねた者が果たすべき務め

エリとサムエルの間にあるのは「年老いていく者」と「成長していく者」の対比だけではありません。「霊的な滅び」と「霊的な成長」の対比でもあります。「そのころ、主の言葉が臨むことは少なく、幻が示されることもまれであった」（3・1）。まさに、エリの生きた時代は信仰の闇、夜の時代でした。祭司エリの絶望は深いものでした。

しかし、闇の中にもなお一筋の希望が残っています。「まだ神のともし火は消えておらず」、主の神殿に一人の少年が眠っていたのです（3・3）。

神がサムエルを呼びます。サムエルはエリのもとに走って行きます。エリは「わたしは呼んでいない。戻っておやすみ」と言います。3度目になって初めてエリは「神がサムエルを呼んでおられるのだ」と悟りました。人間の可能性ではなく神から来る可能性に、年老いたエリは気づいたのです。なお果たすべき務めがエリに残されていました。エリはサムエルに教えます。

もしまた呼びかけられたら、「主よ、お話しください。僕《しもべ》は聞いております」と言いなさい。

（3・9）

「神が呼んでおられる」、このことが教えられなければなりません。エリの姿を通して、年老いた者に与えられている大切な使命が示されています。たとえ私たち自身が何もできなくなっても、なお私たちにできること、しなければならないことがあります。それは次の世代の人々に「あなたを呼んでいる方がおられる」と伝えることです。

今、世界は大きな転換期にあります。どんな世界が始まろうとしているのか、皆が不安にかられています。しかし、確かなことがあります。それは、神が今も「僕は聞いております」と祈る者を求めておられることです。

旧約編

# 主の家に帰る

理想の王とあがめられたダビデにも、挫折と裏切りがあった。つまずきのない人生はないが、神は捉えてくださる。

## ダビデ

詩編 23・6

ダビデ物語はサムエル記上・下、列王記上を貫く山脈のようです。ダビデをとりまく多くの男女が登場し、出会いと対立、葛藤と苦悩、そして、死が描かれていきます。

後世、ダビデは理想の王としてあがめられ、その子孫から救い主が現れることが期待されました。これが、主イエスが「ダビデの子」と呼ばれる理由です。

しかし、実際のダビデは決して何一つ欠けたことのない聖人ではありませんでしたし、その生涯は悩みと苦難に満ちていました。ダビデに与えられた祝福は、人の考える幸福とは違っていたのです。ダビデは30歳で王となり、40年間王位にありました（サムエル記下5・4）。70歳で生涯を終えるとき、ダビデは何を思い、何を望み見たのでしょうか。

## 生涯の上りと下りを経て

ある日、羊の番をしていた野原から呼び戻されたダビデは、まさか自分が王になるとは思ってもいませんでした。しかし、預言者サムエルによって油を注がれたとき（サムエル記上16章）から、すべてが変わってしまいました。神の選びがダビデの生涯を方向付けることになったのです。

兄たちのいる戦場に出かけたダビデはペリシテの戦士ゴリアトを打ち倒し、華々しいデビューをはたします。すべての人がダビデを愛し、それはサウル王の息子ヨナタン、また娘ミカルも同じでした。ヨナタンとの友情、妻となったミカルの愛、豊かな祝福がダビデに注がれました。しかし、ダビデに対するサウル王の恐れと敵意が、そのすべてを破壊してしまいます。サウル王のもとからダビデは逃亡する他ありませんでした（19章）。

そのサウル王が戦死し、30歳のとき、ダビデはユダの家の王となります。そして7年後、ユダとイスラエル全地の王になりました。エルサレムに神の箱を運び上げたとき、ダビデは主の前で力の限り踊りました（サムエル記下6章）。それがダビデの生涯の頂点でした。

山頂に登った人は、必ず山を下らなければなりません。ダビデにとってその転換点となったのが、家臣であるウリヤの妻バト・シェバをめぐる事件です。ダビデは彼女を王宮に召し入れ、それをとり繕《つくろ》うためにウリヤを殺してしまいます。

それは神の心にかなわないことでした。預言者ナタンはダビデを叱責し、生まれてくる子どもが死ぬことを告げます。

その子が亡くなったとき、ダビデは言いました。「(死んでしまった)あの子を呼び戻せようか。わたしはいずれあの子のところに行く。しかし、あの子がわたしのもとに帰って来ることはない」(12・23)。

その後に続くダビデの王子たちの物語は、まるで岩が崖を転がり落ちるようです。アムノンの不祥事とアブサロムの復讐、ダビデに対するアブサロムの反逆とその死。反逆者とはいえ、愛する息子を失ったダビデは悲痛な叫びをあげます。

「わたしの息子アブサロムよ、わたしの息子よ。わたしの息子アブサロムよ、わたしがお前に代わって死ねばよかった。アブサロム、わたしの息子よ、わたしの息子よ」(19・1)

このダビデの生涯について、歴代誌は「彼は高齢に達し、富と栄光に恵まれた人生に満足して死」んだ(歴代誌上29・28)と記します。しかし、ここから私たちは、子どもを亡くしたダビデの悲痛な思いと悔いを聞き取ることはできません。

## ダビデは歌う

「主は羊飼い、わたしには何も欠けることがない」という信頼の告白で始まる詩編23編は、羊飼いであったダビデにふさわしい歌として愛されてきました。羊は青草の原、憩いの水のほとりを喜び、死の陰の谷を行くときも恐れることはありません。羊飼いである神が「共にいてくださる」（23・4）からです。

そして、ついに私たちは主の家に帰ります。

命のある限り　恵みと慈しみはいつもわたしを追う。主の家にわたしは帰り　生涯、そこにとどまるであろう。（23・6）

私たちの幸福と不幸を超えて、神の恵みと慈しみは、ついに私たちを捉えます。ダビデは先に死んだ子どもたちを神の恵みに委ねたのでしょうか。

「神の求めるいけにえは打ち砕かれた霊。打ち砕かれ悔いる心を　神よ、あなたは侮られません」（51・19）と、ダビデは歌いました。罪と悲嘆に打ち砕かれた魂を、神は受け入れてくださるのです。

旧約編

# 小さい子どものように

自らのプライドを捨て、裸になってちいさな声に耳を傾ける。その勇気を持てた者のみに与えられた神の奇跡。

## ナアマン

列王記下 5・14

日曜学校で初めてナアマン将軍の物語を聴いたとき、子どもだった私は、ナアマンが神を知らない異教徒として軽蔑されていたことも、彼の「重い皮膚病」が穢れた病気として嫌われていたことも知りませんでした。

けれども、おとなになって世の中の苦労をいくらかでも経験すると、これは単に病気を治すだけの物語ではないこともわかるようになりました。年を重ねるに従って、聖書は新しい仕方で私たちに語りかけてきます。生涯かけて読む書物、それが聖書なのです。

### ナアマンとイスラエルの少女

ナアマンは紀元前9世紀ごろ、今のシリアのあたりを支配していたアラムの王に仕える将軍です。彼はイスラエルとの戦いで勝利をもたらし、軍の司令官に取り立てられました。けれども聖書は彼について、「この人は勇士であったが、重い皮膚病を患っていた」（列王記下5・1）と記しています。

思いがけない苦難に襲われたとき、それをどのように受け止め、どう生きていくか、そこにその人の生き方と力量が現れてきます。優れた武人だったナアマンはおそらく黙って自分の務めを続けたのです。しかし、その悩みは深いものでした。

そこに一人の少女がいました。ナアマンがイスラエルとの戦争のときに捕らえてきて、妻の召し使いにしていたのです。異国で奴隷にされた少女の不幸と、病気のナアマンの不幸、そのどちらの不幸が重いのか、私たちは簡単に判断することはできません。一人ひとりの苦しみは独自で、かけがえなく重いものだからです。そして、この二つの不幸はすれちがったままであっても決しておかしくはありません。

しかし、ナアマンの病を知った少女は女主人に告げました。「ああ、ご主人様がサマリアの預言者のところにおいでになれば、癒やしてもらえるでしょうに」。自分の不幸にもかかわらず、彼女はナアマンの不幸に心を寄せました。それは一つの奇跡ではないか、と私は思います。

ナアマンの幸せは、まわりに彼を支える人々がいたことです。少女の言葉は女主人からナアマンに、そして彼がそれを王に伝えると、王は金銀と随員、手紙を添えて、ナアマンをイスラエルの王のもとに送り出しました。その金銀は現代に換算すると8億円にもなる額ですから、王のナアマンへの思いの深さがよくわかります。

アラムの王の手紙を読んだイスラエルの王は、「これは戦争を始めるための言いがかりだ」と慌てふためきます。預言者エリシャは、ナアマンを自分のところへ寄こすよう、王に告げました。

## ナアマンとエリシャ

ナアマンは戦車に乗り、威儀と礼儀を整えてエリシャの家の前に立ちました。しかし、エリシャの態度はそっけなく、「ヨルダン川に行って七度身を洗いなさい」（5・10）と使いを出して言わせました。ナアマンは怒り、「どういうことだ。エリシャが自ら出て来て、癒やさないのか。身を洗うにしても、ダマスコの川の方が余程ましだ」と憤慨したのです。

ナアマンはよく働いて成功した立派な武将です。優れた知恵と実行力で道を切り開いてきた彼は、自分が獲得した栄誉と地位、自分の計画とプライドを捨てて、裸になることができませんでした。

立ち去ろうとするナアマンを、家来は言葉をつくして説得します。「あなたは旅を始めたとき、ここにこそ望みがあると信じ、どんなことでもするつもりだったのではありませんか。身を洗え、そうすれば清くなると、預言者は言っただけではありませんか」。命じられたことが小さいからこそ難しいのです。しかし、鎧兜《よろいかぶと》を脱いで、裸になって、その愚かに見える、小さな一歩を踏み出すことからしか、新しい人生は始まりません。

ナアマンは神の人の言葉どおりに下って行って、ヨルダンに七度身を浸した。彼の体は元に戻り、小さい子供の体のようになり、清くなった。（5・14）

神の子どもに変えられる。それがナアマンに起こった奇跡です。ナアマンは病気の癒やしだけでなく、人生そのもの、神との関わり、その一切の転換を与えられて、自分の国に帰って行きました。その人が何歳であったとしても、ちいさい子どもの体のように変えられる。これこそ神が私たちに与えてくださる奇跡です。

旧約編

# 空しさを越えて

思いがけない不条理に見舞われたとき、人生の意味を見失って寄り道をしてしまったとき、心に語りかけてくれる知恵の言葉。

## コヘレトとヨブ

ヨブ記 42・6

トレッキングの魅力は、すばらしい眺望を楽しみながら山麓を歩くことです。しかし、いつも良い天気が続くとは限りません。霧や雨の日があり、体調を崩す日もあります。そんなとき、私たちは心の向きを変え、内面の旅に向かうことへと促されます。

ヨブ記とコヘレトの言葉は、箴言と共に「知恵文学」と呼ばれます。それは個人としての人生を意義あるものとするのは何かを問い、その答えを示そうとするものです。

人生への問いが生まれるのは、一つの秩序が壊れていく時代です。それまで当たり前だと思っていたことが意味を失ってしまうとき、私たちは自分の心に尋ねます。「本当に確かなことは何だろう」。それは人生の終盤に差し掛かった者が持つ問いでもあります。

## 孤立するコヘレト

コヘレトはつぶやきました。「なんという空しさ　なんという空しさ、すべては空しい」（コヘレトの言葉１・２）。「かつてあったことは、これからもあり　かつて起こったことは、これからも起こる。太陽の下《もと》、新しいものは何ひとつない」（１・９）。「すべては塵《ちり》から成った。すべては塵に返る」（３・20）。

そうだとしたら、人の労苦に何の意味があるでしょう。せめて人間にできることは、神を畏れ、その戒めを守ること、自分の労苦した結果に満足し、楽しむことだ。それがコヘレトの結論でした。

しかし、コヘレトの言うことは本当でしょうか。私たちの生活の中に起こってくる一つひとつの出来事には、すべて空しいと簡単に言いきってしまうには、あまりに確かな手応えがありませんか。生きた日々の記憶は人々の心の内に、そして神の記憶の内に残るのです。

コヘレトの言葉はすべて独り言、モノローグです。もちろん彼は神の存在を信じていますが、その神は高きにいまして見ているだけの神。ですから、神との人格的な対話は起こりようがありません。コヘレトは独りぼっち、孤立しているのです。

## ヨブの語り掛け

ヨブもまた、空しさを身に染みて感じた人です。すべての財産と子どもたちを失い、自分もひどい病に苦しみました。ヨブの姿を見た妻に、「神を呪って、死ぬ方がましでしょう」（ヨブ記2・9）と言われてしまうほどでした。とうてい納得できない苦しみの中から、ヨブは叫びます。「神よ　わたしはあなたに向かって叫んでいるのに　あなたはお答えにならない。御前に立っているのに　あなたは御覧にならない」（30・20）、「全能者よ、答えてください」（31・35）。

孤独の中にいるヨブのもとに、3人の友人たちがやって来ました。悲惨なヨブの姿を見た友人たちは天に向かって塵をふりまき、頭にかぶります。「彼らは七日七晩、ヨブと共に地面に座っていたが、その激しい苦痛を見ると、話しかけることもできなかった」（2・13）。

言葉を失って共に塵の中に座ることの内に、彼らの友情が現れています。ヨブの幸福は彼が孤立していなかったことです。ヨブは語り始め、自分の生まれた日を呪います。友人たちとの対話はすれ違いの論争に終わりますが、ヨブに対する神の語りかけを経て、ヨブは最後に、次のように告白します。

それゆえ、私は退けます、また塵灰であることについて考え直します。

（42・6、並木浩一『ヨブ記注解』）

人は塵灰です。その土の塵に神が息を吹き入れると、人は生きる者となりました。確かに人間はもろくて空しい者ですが、なお、神との対話の内に自分の生き方について考え直すことができる者なのです。自分の殻に閉じこもることから解き放たれて、正義と真実を追い求める者として、限りある命の日々を尊く生きることが許されているのです。

空しさをつぶやくコヘレトと、苦しみの中から神に向かって叫ぶヨブの言葉が、聖書の中に残されていることに慰めを覚えるのは私だけではないでしょう。神を信じて生きた人々の中にも、「空しい」とつぶやかざるを得なかった人がいて、その人たちを含んで神の民の歴史は続いてきました。

それは現在の私たちにとっても同じです。私たちの神は、嘆きの声と問いかける叫びに耳を傾けてくださいます。土の塵に息を吹き込まれた神は、今日も新しく私たちを生かしてくださるに違いありません。

# 旧約編

## 静かな空間になる

静まって神を知る……。世俗の喧騒の中でまず私たちがなすべきことの第一歩は、自らの心に静寂を持つこと。

### 旧約聖書の詩人たち

詩編 46・11

美しい山々を見ながら歩いているときに、ふと自分の生涯の途上で行き合った人の顔を思い出すことがあります。歳を重ねて聖書を読むことの幸いの一つは、聖書の言葉と共に自分の生涯の出会いがよみがえってくることです。

#### 混乱と荒廃の中にあっても

神学生時代に通っていた教会の役員だった池谷敏雄先生は、ジョン・バニヤンの『天路歴程』の翻訳者として知られています。その池谷先生が富士山を望む高原のキャンプ場で詩編46編について話されたことがあります。そのとき、読んだのは日本聖書協会の口語訳聖書で、10節（新共同訳では11節）は次のような訳でした。

静まって、わたしこそ神であることを知れ。

第二次大戦の末期、東京が見渡す限り焼け野原となってしまった空襲を、私は身をもって体験した、と先生は話し始めました。戦後の混乱と虚脱の中、家族をかかえ、餓死の可能性さえも本気で信じ始めたある日、ふと目に留まったのが町角に張られた詩編の言葉でした。

「稲妻のようにそれは私の心を射た。うろたえた私は神を忘れていた。しかし、神はここにいます。心は静まり、どんなに荒廃した世であろうとも、そこが神に託された使命の場所であるならば、喜んで生きていこう、と私の心は決まった」

「静まれ」という神の言葉が先生をとらえ、生きる力を与えたのです。

## 私たちにできること

神の前で「静まる」ことをめぐって、もう一つ思い出すことがあります。それは牧師になって20年ほどたったころのことです。富士山を仰ぐ海沿いの町の教会で、牧師の自主的な勉強会が行われました。『アウグスティヌス講話』（講談社学術文庫、1995年）で大佛次郎賞を受けた山田晶先生が講師とのことで、私も参加しました。

ところが当日、ハプニングが起こりました。開会の時間になっても講師が見えないのです。そこに電話が入りました。「名古屋から新幹線に乗ったのだが、乗る列車を間違えた。今、東京にいる」。

結局4時間遅れで講師は到着しました。しかし、席に荷物を置くなり先生は隅にいた私に小さな声で耳打ちされたのです。「聖堂はどこですか。すぐ戻ってきます」。さらに待つこと数分、講演は始まりました。神の前に静まり、祈ることが先生には必要だったのです。

先生の著書『アウグスティヌス講話』の最終章は「神の憩い」と題され、創世記2章が取り上げられています。神は6日で創造の業を終え、7日目に休まれた。神が休むというのは何を意味しているのだろうか、と先生は問いかけます。

いろいろな議論と説明がなされますが、その結びはこうです。「われわれが具体的に社会に寄与することのできる確実な一つの方法が在ります。それは、われわれの一人一人が、自分の心の中に神の憩いの空間を持って、この騒がしい世間の中に住むということです。いうなれば、われわれの一人一人が、この社会における静かな空間になるということです。そのことが結局においては非常に具体的に、また非常に現実的に、この社会の中を静かにしてゆくことになるのではないでしょうか」(同書、252ページ)。

## 歳を重ねたからこそ

これは、今日の忙しく、騒がしい世の中を生きる私たちをハッとさせる呼びかけです。私たちの足元には、人間の尊厳を損なう問題が山積しています。地球環境の破壊、経済的な格差の拡大、飢え、差別、そして戦争。その解決のために、私たちは時間を惜しんで取り組まなければならないと、追い詰められるような気持ちにさえなってしまいます。

しかし、そうであればこそ、私たちは立ち止まる必要があります。働くことと静かであることは、決して矛盾するものではありません。自分の内に静けさを保っているときにこそ、私たちは良い働きをすることができるからです。

「朝早くまだ暗いうちに、イエスは起きて、人里離れた所へ出て行き」(マルコ1・35)、祈りました。そして、主イエスは立ち上がり、ガリラヤ中に出て行って、宣教し、悪霊を追い出されたのです。聖書の中に満ちているのは、深い静けさに満ちた神の激しい愛です。騒がしい世の中に静かな空間を用意すること、それこそが歳を重ねた者に許された特別な使命ではないでしょうか。

旧約編

# 人生の先を見つめる

故国の滅亡を預言し、自由を奪われたエレミヤ。そのエレミヤの言葉を書き留め、後世に残したのは書記バルクだった。

## エレミヤとバルク

エレミヤ書 45・4 〜 5

エルサレムの北東5キロほどの町、アナトトの祭司の家に、エレミヤは生まれました。エレミヤが預言者としての召命を受けたのは、紀元前627年のことでした。初めエレミヤは「わたしは若者にすぎません」と固辞しますが、神は「わたしがあなたと共にいて　必ず救い出す」（エレミヤ書1・8）と励ましたのです。

エレミヤの信仰は、神の言葉に心を開き、全人格をあげて神に従うというものでした。ですから彼は「自分たちは神によって選ばれた民であり、神殿のあるエルサレムが滅びることはない」と言いながら、実際には「慈しみと正義と恵みの業」（9・23）を行おうとしないイスラエルの人々を厳しく批判したのです。

君たちは「若いときの真心　花嫁のときの愛……荒れ野での従順」（2・2）を失ってしまった。「さあ、今こそ、神のもとに立ち帰れ、悔い改めよ」とエレミヤは語りました。しかし彼の言葉は受け入れられず、かえって神殿への立ち入りを禁じられ、さらには監禁されてしまいます（32・2）。そして前587年、ついにエルサレムは陥落し、ユダ王国は滅んだのです（39章）。

召命のときからユダ王国の滅亡まで、40年余りを預言者として活動したエレミヤは、すでに60歳を超えていたと思われます。力の限りを尽くして仕えた故国を失ってしまったエレミヤの胸中はどれほどだったでしょう。

主だった民は捕囚としてバビロンに連行されました。エレミヤは国に残される人々のもとに留まることを選びます（40・6）。それが、エレミヤの同胞に対する責任の取り方でした。

しかしその後、エレミヤは残留した人々の内紛により、書記バルクと共にエジプトに連行され、消息が途絶えます。エレミヤの生涯は、人間的に見るならば失敗だったと言われても仕方ないものでした。

## 同行者が人生の業をつないで

しかし書記バルクという同行者がいたことは、エレミヤにとって、そして今日の私たちにとって幸いなことでした。なぜならエレミヤの言葉を私たちが知ることができるのは、バルクがいたお陰だからです（36・4、45・1）。

自由な活動を禁じられたエレミヤに代わってその預言を巻物に書き記し、神殿で読んだバルクは、エレミヤと共に王に追われる者となりました（36・26）。

疲れ果て呻《うめ》いているバルクに、エレミヤが教えた言葉はこうです。

主はこう言われる。わたしは建てたものを破壊し、植えたものを抜く。全世界をこのようにする。あなたは自分に何か大きなことを期待しているのか。そのような期待を抱いてはならない。……ただ、あなたの命だけは、どこへ行っても守り、あなたに与える。（45・4～5）

使徒パウロの言葉を思い出します。おのおのの仕事がどんなものであるかが吟味される日が来る。そのとき、イエス・キリストという土台の上に建てられているならば、「その人は、火の中をくぐり抜けて来た者のように、救われます」（Iコリント3・15）。私たちの作ったものは燃え尽き、なくなります。しかし、火をくぐり抜けるものがあるのです。

エレミヤと一緒にエジプトに連行されたバルクは、エレミヤが死んだ後、エレミヤの言葉を携えてバビロンに行ったと、言い伝えられています。バルクはエレミヤの弟子であり、友人となり、そしてエレミヤの言葉を後世につなぐ者となりました。

## 神の時を見つめて生きる

エレミヤは、その生涯において何を見ていたのでしょうか。捕囚としてバビロンで暮らす人々に、エレミヤが書いた手紙があります（29章）。

「捕囚の地に根付いて暮らしなさい。捕囚の町の平安を祈りなさい。70年の時が満ちたらバビロンは滅び、神は捕囚の民を帰らせてくださる」

エレミヤは、バビロンの支配が永久に続くものではないこと、そして神による解放の時が来ることを確信していました。だから彼は人々に「落ち着いて、希望をもって、今、そこにある毎日を誠実に整え、隣人と共に平和を生きるように」と勧めることができたのです。バルクも同じ幻を見ました。

世代を超え、時代を超えて一つのビジョンを見る人々は、同じ旅の同行者です。私たちも同じではありませんか。神の時が満ちるのを見つめて歩く、世代を超えた仲間を与えられた人は、なんと幸いなことでしょう。

旧約編

# いのちを惜しむ

神の御顔を避け、逃げ続ける人生にも「追い求める神」が迫る。忍耐強く、いつくしみに富む神の御心を語るように、と。

## ヨナ

ヨナ書 4・10 ～ 11

ヨナ書は子どももおとなも、おもしろく読める物語です。この間、数十年ぶりに日曜学校で一緒だった友に会ったので、「ヨナの物語、憶えてるかい」と訊《き》いてみました。「神さまから逃げ出して、大きな魚に呑まれる話だろう」、彼には大きな魚が一番心に残ったようです。しかし、それでは話の半分です。

### ヨナの物語

第1章の始め、神はヨナに「ニネベに行って、呼びかけよ」と命じました。しかしヨナは船に乗って逃げだします。神は大風を送り、船は沈みそうになります。ヨナが神から逃げていることを知った乗組員は、何とか彼を救おうとしますが、船は難破寸前、ついに彼らはヨナを海に投げ込みます。すると海は静まりました。

第2章、神は巨大な魚に命じて、ヨナを呑み込ませます。三日三晩、魚の腹の中にいたヨナが神に祈ると、魚はヨナを陸地に吐き出しました。

第3章で、神の言葉が再びヨナに臨みます。ヨナはニネベに行って、「40日すれば、都は滅びる」と告げました。これを聞いた都の人々は神を信じ、断食を呼びかけました。人々が悪の道を離れたのを見た神は思い直し、災いを下すことをやめました。

最後が第4章です。神の心変わりをヨナは怒って、文句を言います。「私はあなたが思い直す方であることを知っていました。こんなことなら私の命を取ってください。死ぬ方がましです」。さらに神とヨナの対話は続きますが、ヨナは「死ぬほうがましです。怒りのあまり死にたいぐらいです」と頑固に言い張ります。ヨナ物語はニネベの人々の命を惜しむ神の言葉によって終わります。これに対して、ヨナがどのように神に答えたか、それは聖書には書かれていません。

## 逃げるヨナ

ヨナが逃げ出すところから物語は始まりました。逃げるヨナを神は追いかけ、つかまえます。ここで私たちが目を留めたいのは、神が彼を断罪していないことです。ヨナを罰しても良いのに、神はくりかえしヨナに語り続けます。ここに、ヨナ物語の大事なポイントがあります。

私は幼稚園の庭で遊ぶ子どもたちを思い出しました。子どもたちは「鬼ごっこ」と「かくれんぼ」が大好きです。歓声をあげて逃げ回り、笑いながらそっと隠れます。しかし、それで終わりではありません。見つけてもらわなければなりません。走り回り、隠れて、最後に見つけてもらうこと、それが楽しくて嬉しいのです。

駄々っ子のように逃げて、文句を言うヨナ、そのヨナをどこまでも追いかけて、とうごまの木まで持ち出してヨナに語りかける神、その組み合わせとやりとりが、ヨナ書を読む者の笑いを誘います。逃げ回り、文句を言うヨナは、忍耐強く、慈しみ深い神の手の内にしっかりと捕えられています。ヨナ書は、逃げ出したヨナが主人公の物語ではありません。「追い求める神の物語」であるのです。

## いのちを惜しむ神

ニネベの人々を滅ぼすのを思い直す神に、ヨナが言った文句をもう一度読み直しましょう。「わたしには、こうなることが分かっていました。あなたは、恵みと憐れみの神であり、忍耐深く、慈しみに富み、災いをくだそうとしても思い直される方です」(ヨナ書4・

2）。

皮肉なことにヨナの言葉は、彼の意図とは反対に、神の真実を正しく言い表すことになってしまいました。私たちの神は、恵みと慈しみに富み、忍耐強く、思い直す方です。そして、その忍耐と慈しみは、まさにヨナにこそ向けられていました。終わりに神はヨナに言われます。

お前は、自分で労することも育てることもなく、一夜にして生じ、一夜にして滅びたこのとうごまの木さえ惜しんでいる。それならば、どうしてわたしが、この大いなる都ニネベを惜しまずにいられるだろうか。そこには、十二万人以上の右も左もわきまえぬ人間と、無数の家畜がいるのだから。（4・10〜11）

私たちの神は、いのちを惜しむ神です。「あなたのいのちを惜しみなさい。隣人とすべてのいのちを惜しみなさい。今日一日、あなたに与えられているいのちを惜しみ、いのちのために労し、いのちを育む歩みを、今、この時から始めなさい」。それは私たち一人ひとりに向けられている招きの言葉です。

新約編

# 石は転がされた

墓は私たちの人生の終わりの場所だ。しかし今や、復活によって墓の石は転がされた。墓は始まりの場所となったのだ。

## 墓

マルコ 16・1〜4

仕事を引退し、山に囲まれた町に移り住みました。もう高い山に登ることはできませんが、山頂を踏破する爽快さに代わって、ゆっくり山麓の道を楽しむ年代となりました。若い日とはちがう仕方で、もう一度世界を捉え直す喜び、それは聖書の読み方についても同じです。聖書をめぐるトレッキングの旅、旧約聖書では人物に焦点を合わせましたが、新約聖書は場所に目を留めながら歩きます。最初は「エルサレムの墓」からです。

### 石でふさがれた墓

およそ2000年前の日曜日の朝早く、3人の女性が、エルサレム郊外の墓に向かって急いでいました。2日前の金曜日、先生であったイエスが犯罪者として十字架で処刑され、墓に葬られたのです。男の弟子たちは皆、逃げてしまいました。しかし、彼女たちは先生を見捨てることができず、遠くからイエスが処刑されるのを見守り、岩を掘って作られた墓に遺体が納められるまでの一部始終を見届けたのです。

安息日をはさんで、その安息日が明けるとすぐに彼女たちは香料を用意し、日曜日の夜明けとともに墓に向かいました。道々、彼女たちはささやき合いました。気がかりなことが一つあったのです。


だれが墓の入り口からあの石を転がしてくれるでしょうか。（マルコ16・3）

イエスの墓は、入り口が石でふさがれていました。とうてい彼女たちの力では動かすことのできない、非常に大きな石でした。

聖書において、石は「変わらない、確かなもの」を表す徴として出てきます。たとえば、モーセの十戒は石に刻まれていました。それは十戒が決して変わることのない神の言葉であることを表しています（出エジプト記31・18）。また、モーセの後継者であるヨシュアも、ヨルダン川を渡って約束の地に入ったとき、シケムに大きな石を立てて、神と民の契約の証拠としました（ヨシュア記24・26）。

しかし、皮肉なことに、石はその硬さのせいで、悪い意味にもなります。「石の心」（エゼキエル書36・26）は、硬くこり固まった心のことです。自分の考えだけを絶対だと思い込んで、神の言葉を受け入れることができません。

主イエスにお会いする前、悪霊に取りつかれていたゲラサの人は、昼も夜も墓場や山で叫び、石で自分を打ちたたいていました（マルコ5・5）。墓場を住まいとし、こり固まり、自分を傷つけてやまない人間の在り方を、石は表しています。

ですから、墓をふさいでいる石とは、死んだ人を過去の世界に閉じ込める封印です。そして、死者にはもう未来がないことを表しています。墓石は、私たちすべての人間に自分が必ず死ぬ者であることを教え、死から逃れることのできない人間の無力と絶望を突きつけています。

私たちは、墓に向かうマリアたちの問いを、次のように言い直すことができるでしょう。「いったい誰が、私たちを死の鎖から解き放ち、新しい命へと解放してくださるのでしょうか」

## 打ち破り、歩み出る

イースターの朝、墓についた女たちは、入り口をふさぐ石が既にわきへ転がしてあることを発見します。白く長い衣を着た若者が女たちに告げます。「あの方は復活されて、ここにはおられない。弟子たちに告げなさい。あの方は、あなたがたより先にガリラヤへ行かれる。そこでお目にかかれる」。イエスは復活されたのです。

ここで、私たちは気づきます。転がされた石とは、墓の入り口ではなく、墓の出口をふさぐ石であったということに。主イエスは墓から歩み出て、新しいいのちの道を進んで行かれます。ですから、もはや墓は私たちにとって決して終わりの場所ではありません。「墓も死も憂いも打ち破る」（『讃美歌21』333番）方、それが私たちの信じる主イエスです。

イースターから始まった最初の教会の中で、女たちは大きな声で笑いながら、この物語を語り伝えたのではないでしょうか。「私たちは本気で心配したのですよ、誰が石を動かしてくれるでしょうか、なんてね。ばかな心配をしたものです。なぜって、あの大きな石が動くことよりも、もっと大きな、驚くべき、偉大な出来事を私たちは経験したのですから」。

復活の朝の光の中、主イエスのいのちにつながる希望の門を通って、私たちも歩いていきましょう。

新約編

# 別の道を通って

**慣れ親しんだ道を離れ、別の道を歩く。別の生き方を選択する。時にそのような選択をさせる人生の出会いがある。**

## ベツレヘム

マタイ 2・11～12

12月25日が過ぎると、あっという間にクリスマスの飾りが片付けられ、松飾りに変わると、町は一気に新年を迎える雰囲気になります。そんな様子を見て、クリスマスなどなかったかのようだ、と憤慨するのは私だけでしょうか。

教会の暦では、クリスマスは1月まで続きます。東の国の学者たちが幼いイエスさまを訪ねたとされる公現日（エピファニー）は1月6日です。主イエスへの思いを抱いて、古い年から新しい年へと過ぎ越して歩く旅人がいたことを記憶するのは大切です。イエスを生活の中にお迎えすることによってこそ、新しい年は始まるのだからです。

## 生き方としての「道」

星の知らせを受けて旅立った学者たちの年齢はわかりませんが、学者としての学びと円熟とを考えれば、それなりの年齢であったはずです。しかし、冒険に踏みだす彼らの心はまさに若者でした。ヘロデ王を訪ねるという回り道をしたものの、学者たちは星に導かれて、母マリアと幼子に会うことができました。

彼らはひれ伏して幼子を拝み、宝の箱を開けて、黄金、乳香、没薬を贈り物として献げた。ところが、「ヘロデのところへ帰るな」と夢でお告げがあったので、別の道を通って自分たちの国へ帰って行った。

（マタイ2・11～12）

ところが、彼らは思いがけないお告げを受けて、来た時とは違う「別の道」を通って、自分たちの国に帰って行きました。案の定、その後、ヘロデ王はベツレヘム周辺の子どもたちを一人残らず殺してしまいます。ヘロデは、自分の王座を脅かす者を一人も生かしてはおかなかったのです。それがヘロデ王の生き方であり、道でした。

ですから、ここで学者たちがたどった「別の道」を、単に人の歩く道という意味ではなく、「別の生き方」を表していると考えることも、あながち間違ってはいません。ヘロデ王は自分の権力に固執し、他者を否定しました。しかし、幼子に出会った学者たちは、この時から別の生き方を始めることになりました。つまり、イエスに出会った人々は必ず、それまでの人生とは別の道を歩き出すのです。

そのような出会いが歌人、窪田空穂《うつぼ》（1877〜1967年）にもあったことを、最近知りました。今、私が暮らす松本郊外の田んぼに囲まれた小さな集落には、窪田空穂の生家と記念館があり、館内には植村正久牧師の肖像写真が掲げられています。空穂は26歳のときに、植村牧師から洗礼を受けているのです。空穂は書いています。

「私は日本基督教会へ牧師植村正久先生によって洗礼され、信者として入会したのであった。このことは私にとっては重いことであって、内面的には、学校卒業にもまさる感動であった」（『私の履歴書』217ページ）

残念なことに空穂は後に教会生活から離れてしまいますが、およそ20年後、植村牧師の葬式に参列し、「先生を知りまをししはこの我の生涯の上の大き事なりき」と詠いました。空穂の植村牧師に対する敬愛の念は終生変わらず、晩年、「在天の先生は私には生きている」とも述べています。

驚きてわれと誡む畏くも神の御子なる器ならずもわれ
無能なるわがごとき者も棄てたまはぬ神いますなり畏しとせむ

これは空穂が亡くなる1967年、89歳のときに詠んだ歌で、若い日の出会いが空穂の生涯の土台にあったことを読み取ることができます。

## イエスから遣わされる生き方

自分の国に帰った学者たちが、その後どのように過ごしたか、聖書は記していませんが、想像することは許されるでしょう。彼らは宝の箱を開けて、自分の宝物を幼子に明け渡しました。自分の持ち物に頼る生き方から、神を頼みとする生き方に転換したのです。そのときから、彼らの新しい一日は、神からの贈り物になりました。イエスにお会いした人々は、イエスのもとから人々へと遣わされる生活に転換するのです。

ルカ福音書にも、クリスマスの夜、ベツレヘムの幼子を訪ねた人々が出てきます。羊飼いたちは、「神をあがめ、賛美しながら帰って」(ルカ2・20)行きました。彼らもまた、別の道を歩き始めたのです。何歳になっても、私たちには別の道が用意されています。そのことを信じて、新しい一歩を歩み始めましょう。

新約編

# 安らかに去る

老いからくる衰えを自覚する者に、なお神の恵みと働きが示される。古い自分に死に、日々新しい自分に生まれ変わる道が。

## エルサレム神殿の庭

ルカ 2・29 〜 30

「クリスマスは、私たち高齢者の物語でもあるのですよ」と、老人ホームのクリスマスで四竈一郎先生が話し始めたとき、私はビックリしてしまいました。クリスマスは子どもたちのものだと、私はすっかり思い込んでいたからです。今から半世紀前のことです。

その年の春、私は神学校を卒業して教会に赴任し、近くの老人ホームで月に1度、聖書のお話をするようになりました。高齢の方たちにどのように話したらいいのか、途方にくれていた私の強い味方が一郎先生でした。70代半ばの先生は牧師を隠退した後、同じホームで月1度、聖書のお話をしていたのです。

その頃の先生と同じ年代になって、ようやく私も「クリスマスは高齢者のもの」という言葉の意味がわかるようになりました。

## 「わたしは老人です」

新約聖書には、２つのイエス誕生物語、マタイによる福音書（1〜2章）とルカによる福音書（1〜2章）があります。中でもルカ福音書では、高齢者が大きな役割を担っています。

ユダヤの王ヘロデの時代に、ザカリアという祭司がいました。妻の名はエリサベトです。「彼らには、子供がなく、二人とも既に年をとって」（ルカ1・7）いました。ザカリアがエルサレムの聖所で務めをしているとき、天使が現れ、「あなたの妻エリサベトは男の子を産む。その子をヨハネと名付けなさい」（1・13）とザカリアに告げました。この子どもが後に、イエス・キリストの先駆者となるバプテスマのヨハネです。ところが、残念なことにザカリアは天使のお告げを受け入れることができず、「わたしは老人ですし、妻も年をとっています」（1・18）と問い返してしまいました。

本来、神の恵みと働きは、私たち人間の側の資格や力、可能性を超えるものですから、マリアのように「お言葉どおり、この身に成りますように」（1・38）と答えるべきであったのでしょう。しかし、このとき、ザカリアの心をふさいでいたのは、イスラエルの現状についての絶望と、老いからくる衰えでした。ですから、ザカリアは「わたしは老人です。私にはもう可能性も希望もありません」と答えてしまったのです。

ルカによる福音書のイエスの誕生物語は、老夫婦の絶望から始まりますが、これは神の働きにより、希望に変わります。



## 神殿の庭で

イエスの誕生の出来事を真ん中に、その後にもう一組の年老いた男女が登場します。シメオンとアンナです。イエスに会った2人は、神を賛美し、人々に祝福を告げるのです（2・25〜38）。

マリアとヨセフはイエスを連れて、神殿に出かけました。聖霊に導かれて神殿に入って来たシメオンは、イエスを見いだすと、幼子を腕に抱いて神をたたえて言います。

主よ、今こそあなたは、お言葉どおり　この僕《しもべ》を安らかに去らせてくださいます。
わたしはこの目であなたの救いを見たからです。（ルカ2・29〜30）

シメオンは「メシアに会うまでは決して死なない」（2・26）という示しを受けていました。言い換えれば、それは「メシアにお会いすれば、安心して死ぬことができる」ということです。イエスと会ったシメオンは、死を超える「いのち」があることを見ました。そして、地上の死が終わりではないことを知りました。ですから、シメオンは「いつ死んでもいい」と思ったのです。

地上の生涯が永遠に続くことが、私たちの目指す目標ではありません。イエス・キリストの「いのち」につながるところに永遠があります。私たちの地上の生涯においてイエスの「いのち」が現れ出ること、そこに私たちの慰めと希望があります。イエスにおいて古い自分に日ごとに死ぬ者にこそ、イエスにつながる新しい一日が与えられます。

それは、もう一人のアンナも同じでした。アンナは84歳、「非常に年をとって」（2・36）いましたが、イエスを見て、神を賛美し、エルサレムの救いを待ち望む人々に幼子のことを証ししました。

クリスマス降誕劇のクライマックスは、赤ちゃんのイエスさまを中心に、マリアとヨセフ、天使と東方の学者たち、宿屋さんと羊飼いたちが勢ぞろいする場面です。しかし、今年のクリスマスには、年老いた者たちを加えましょう。老人たちに囲まれて、私たちの希望である主イエスは、世界においでになりました。

新約編

# 二里目を歩く

義務的で管理された第一里目の歩みから、主イエスのみ言葉に応えて自発的で自由な第二里目の歩みを始める。

## 山

マタイ5・1～2

「日本近代登山の父」と呼ばれるウォルター・ウェストン（1861～1940年）のレリーフが、北アルプスの上高地に設置されています。ウェストンは1888年から3度にわたり宣教師として来日し、各地の山に登り、日本アルプスを世界に紹介しました。

そんなに山に登って、宣教師の仕事はどうしていたのか心配ですが、彼は「イエスさまも山に登りましたよ」と答えるかもしれません。確かに福音書には、主イエスが山に登ったことがたくさん書いてあります。

「イエスはこの群衆を見て、山に登られた。腰を下ろされると、弟子たちが近くに寄って来た。そこで、イエスは口を開き、教えられた」（マタイ5・1～2）

旧約聖書のモーセもシナイ山に登り、神か

ら十戒を与えられましたが、山上の説教において主イエスは、モーセに優る方として神の教えを力強く語っています。

それだけではありません。イエスが十二使徒を選んだのも山の上でした（マルコ3・13）。さらにペトロとヤコブとヨハネが、イエスの白く輝く栄光の姿を目撃したのも、高い山の上です（マタイ17・1～2）。彼らはイエスが神の愛する子であることを示され、「これに聞け」という天からの声を聞きました。

マタイ福音書の最後も、山の上です。復活した主イエスが弟子たちに、「わたしは世の終わりまで、いつもあなたがたと共にいる」と約束し、「すべての民をわたしの弟子にしなさい」と命じたところで、福音書は終わります（マタイ28・16～20）。聖書において、山は神と出会い、神から使命とそれを実行する力を与えられる場所なのです。

## 山を下りた先で

しかし、山に登った人は、いつまでも山に留まるわけではありません。必ず山を下りるときがくるのです。そして、山の下には多くの病人が待っていました（マタイ8・1以下）。使徒たちの選びの後も（マルコ3・20以下）、輝く主イエスの姿を見た後も（マタイ17・14以下）、それは同じです。山の下には、生きていくことの大変さと労苦に満ちた日常があります。

しかし、私たちは絶望しません。なぜなら私たちが忘れても、山の上で聞いたイエスの声は消えないからです。それは教会の声として語り継がれ、また、耳には聞こえなくても、その響きは一人ひとりの心に届いて、新しい生き方へと励ましてやまないのです。

農業教育の専門家である中田正一さん（1906〜1991年）という方がいました。定年で退職してから、井戸掘りなどの国際協力のボランティア活動を始め、「風の学校」を主宰しました。その25年間の体験をまとめた『国際協力の新しい風――パワフルじいさん奮戦記』（岩波新書、1990年）は私の愛読書の一つですが、その中で中田さんは短い自己紹介を書いています。

20代の初めに『第二里の人』という本を読んで、「人もし汝に一里ゆくことを強いなば共に二里ゆけ」という言葉を知ったそうです。そして「第一里と第二里のちがいは何なのか」と考えた末に、「義務的な管理された仕事は第一里、自分で自由に選んだ歩みが第二里」ではないかと思い至ります。その後定年退職し、朝から晩まで四六時中ボランティアとして働き、誰からも指図されない自由な考え方、働き方で生涯の第二里を歩みました。



## もう1ミリオン

中田さんが読んだ、この山上の説教の一節は文語訳聖書によるものですが、新共同訳聖書は次のとおり訳しています。

だれかが、一ミリオン行くように強いるなら、一緒に二ミリオン行きなさい。

（マタイ5・41）

当時、ユダヤを支配していたローマ帝国の兵士は、道で行き合った人を1ミリオン（約1480メートル）に限って徴用することができました。それだけでも理不尽なのに、イエスはここで、さらに1ミリオン歩きなさい、と言われたのです。

私たちの生涯は「第一里」の仕事、つまり生活の糧を稼ぐための仕事や、外からさまざまに強いられる仕事でいっぱいです。しかし、せっかく神さまから与えられた命であるのなら、もう1ミリオン、自発的に自分で選んでやる仕事として生活を捉え直し、主イエスの声に響き応える仕方で生きてみようではないか、と中田さんは言っているのです。主イエスの声に耳をすましましょう。

新約編

# わたしについて来なさい

イエスに出会う自分の「ガリラヤ湖のほとり」とはどこか。誰にも、神に招かれ、神に向かって生きる者とされた場所がある。

## ガリラヤ湖のほとり

マルコ 1・16～20

数日前に古い友人を急な事故で亡くし、心が空っぽになったような気持ちで散歩をしているとき、ふと山を見てその友の顔が思いうかびました。

30年前、町の東にある山の頂上に向かう稜線を、その友と一緒に登ったことがあったのです。汗をぬぐう友の笑顔がはっきりと思いうかんできました。そして、わかったことは、彼は亡くなったけれど決していなくなったわけではない。いないという仕方で、今そこにいるのだということでした。

私たちをとりかこんでいる場所には一つひとつ、かけがえのない記憶が刻み込まれています。ですから、心を開きさえすれば私たちは今も、その人の声を聴くことができるのです。ガリラヤ湖のほとりは、シモン・ペトロにとって、まさにそのような場所でした。

イエスは、ガリラヤ湖のほとりを歩いておられたとき、シモンとシモンの兄弟アンデレが湖で網を打っているのを御覧になった。彼らは漁師だった。イエスは、「わたしについて来なさい。人間をとる漁師にしよう」と言われた。

（マルコ1・16〜17）

神の国を宣べ伝え始めた主イエスの最初の仕事は、ガリラヤ湖のほとりで漁師たちに声をかけることでした。湖のほとりは漁師たちの仕事場です。イエスは彼らの生活の隅っこではなく、生活の真ん中においでになって彼らに呼びかけました。それは私たちに対しても同じです。ガリラヤ湖のほとりは、私たちの生活の真ん中にあります。そこで、主イエスは私たちを呼んでおられます。

## 神に向かう場所

「わたしについて来なさい」と、イエスは言われました。「ついて行く」という言葉は、「従う」とも訳されますが、少々立派すぎる感じがします。合鴨の巣立ちをイメージしてみてください。ひな鳥はおぼつかない足取りで、親鳥を追いかけて行きます。転んでも、たどたどしくても一心について行く。これこそが「ついて行く」ということです。私たちもひな鳥のように、主イエスを見つめてついて行きましょう。

イエスはガリラヤ湖のほとりで、ペトロたちに「人間をとる漁師」にしようと約束されました。彼らが魚をとる漁師だったからです。もし、彼らが大工だったら、イエスはきっと「人間を建てる大工」と言われたことでしょう。

私たち一人ひとりが自分の生活を通して、神に向かって生きる人間になること、人間を建て上げること、そして、共に生きることへと呼び出されています。ですから、ガリラヤ湖のほとりとは、私たちに与えられているかけがえのない命を、尊く生きていこうと思い定める場所のことであるのです。

## 変わらない招き

ペトロにとって忘れることのできない、もう一つのガリラヤ湖のほとりの物語があります。そこで、シモン・ペトロは復活のイエスにお会いしました（ヨハネ21章）。

イエスが十字架で処刑された後、ペトロはガリラヤにもどり、湖で漁をしていました。主と共に過ごした輝きの日々をなくしてしまったペトロは、元の暮らしにもどる他はありませんでした。

ところが、そのガリラヤ湖のほとりに主イエスが姿を現したのです。湖に飛び込み、陸に上がったペトロたちのために炭火がおこしてありました。魚とパンの朝食がすむとイエスはペトロに尋ねました。「わたしを愛しているか」。3度もくりかえして尋ねられたペトロは「悲しく」（ヨハネ21・17）なってしまいます。

なぜなら、ペトロはイエスと一緒に歩いた日々を思い出したからです。そして、彼は逃げ出してしまった自分のふがいなさを思わざるを得ませんでした。そこで、ペトロは「主よ、あなたは何もかもご存じです」と答えることしかできませんでした。

そんなペトロにイエスは言われます。「わたしの羊を飼いなさい」、そして「わたしに従いなさい」。それは、ガリラヤ湖のほとりでペトロが聴いた、イエスの最初の招きの言葉と同じでした。

私たちが変わることがあっても、主イエスの招きは変わることがありません。何歳になっても変わることなく、私たちに与えられる祝福の招きの言葉を聴く場所、それが「ガリラヤ湖のほとり」です。今日、あなたはガリラヤ湖のほとりで主イエスにお会いしましたか。

新約編

# 互いに仕え合う

イエスの活動の舞台は野外や会堂だけではない。家が伝道の拠点であった。家にイエスを招くことによって起こることがある。

## 家

マルコ 1・29 〜 31

イエスは歩く人でした。神の国を証しするために、活発にガリラヤ中を歩いてまわりました。その様子がマルコ福音書の1章から3章に書かれています。

イエスが始めにしたことは、ガリラヤ湖の漁師たちを弟子とすることでした。湖のほとり（マルコ1・16）で、イエスはシモン・ペトロとアンデレ、ヤコブとヨハネを呼び出すと、彼らと一緒にカファルナウムに向かいました。会堂（1・21）に入って教え、それが終わるとすぐに、イエスはシモンとアンデレの家（1・29）に行きました。日が沈むと町中の人が戸口に集まってきたので、休む間もなく、大勢の病人を癒やしました。何とも忙しい、イエスの1日でした。

この一連の出来事の中に、私たちは、「野

外での行動→会堂→家」という場所の移動のパターンがあることに気づきます。それは1章から3章をとおして何度も繰り返されます。「野外」というのは、ガリラヤ湖、人里離れた場所、麦畑、そして山のことです。イエスはどんな場所にも出かけて神の国を宣べ伝え、祈り、病人を癒やし、会堂で教えました（1・21、3・1）。しかし、その中心の場所は「家」でした。それがシモンとアンデレの家（1・29、多分2・1と3・20も）、そして、レビの家（2・15）です。「家」こそが、イエスのガリラヤ伝道を支える拠点だったのです。

## 福音を生きる者に

すぐに、一行は会堂を出て、シモンとアンデレの家に行った。ヤコブとヨハネも一緒であった。シモンのしゅうとめが熱を出して寝ていたので、人々は早速、彼女のことをイエスに話した。イエスがそばに行き、手を取って起こされると、熱は去り、彼女は一同をもてなした。（1・29～31）

さて、イエスがシモンの家に行ったときのことです。シモンのしゅうとめが熱を出して寝ていました。それを知ったイエスは彼女のそばに行って手を取ります。すると熱は下がり、彼女は立ち上がって皆をもてなしました。

「もてなす」という言葉は、「もて（持つ）」と「なす（行う）」からできています。相手を大切にする心を持って行動すること、それがもてなしです。力を失って横たわっていたシモンのしゅうとめは、イエスに手を取られて立ち上がり、他を支えもてなし、仕える者に変えられました。支えられる立場から一歩踏み出して、共に生きる生活へと転換する家、それがカファルナウムのもてなしの家です。

中風の人のいやし（2・3）の場合も同じです。イエスのいる家に、4人の男が病人を運んで来ました。彼らは何としてもこの人をイエスに会わせたかったので、屋根をはがすことさえためらいませんでした。彼らの行動を見たイエスは、それを「信仰」と呼びました。

レビの家でも同じことが起こりました（2・15）。多くの徴税人や罪人がイエスの食卓に同席していました。レビは自分の喜びを独り占めすることができず、皆と一緒に喜びたかったのです。ここにイエスの福音を生きる姿が、目に見える仕方で現れています。

## 御心を行う人こそ

3章（3・13〜14）でイエスは山に登り、12人の弟子を呼び寄せて、使徒と名付けました。

イエスを中心とする共同体の核である彼らの使命は、イエスの心をもって行動することです。

イエスが家に帰ると群衆が集まってきました。それだけでなく、身内の人たちがイエスを取り押さえにやってきました。イエスの気が変になっていると言われていたからです。「母上と兄弟姉妹がたが外であなたを捜しておられます」と知らされると、イエスは「わたしの母、わたしの兄弟とはだれか」と答えて、家にいる人々を見回して言われました。「見なさい。ここにわたしの母、わたしの兄弟がいる。神の御心を行う人こそ、わたしの兄弟、姉妹、また母なのだ」（3・34〜35）。

神の御心は、私たちが仕える者になることです（10・43〜45）。イエスは私たちのために仕える者になってくださいました。だから大丈夫です。このイエスをお迎えしさえすれば、その家は、必ず互いに仕え合う「もてなしの家」になるのですから。歳を重ねて、もう自分は何もできないと言うのなら、心の扉を開くだけでもいいのです。そのとき、私たちそのものが、人々を受け入れるもてなしの家になるでしょう。

新約編

# 等しくもてなす

**働きの多寡によってではなく、その人の存在そのものを喜び合う。歳を重ねる恵みは、他者への共感が育てられること。**

## ぶどう園

マタイ 20・6～7

聖書は、大洪水後のノアの消息を簡潔に記しています。「ノアは農夫となり、ぶどう畑を作った」（創世記9・20）。滅んでしまった世界を再建するには、いかにも小さな企てのようにも思われますが、ぶどう園は聖書において、深い意味を持っています。たとえば、神の民であるイスラエルは、ぶどうの木になぞらえられています。また主イエスはぶどう園のたとえを用いて、天の国について教えられました（マタイ20・1以下）。ぶどう園を作ることの中には、神の世界を再建するためのヒントが隠されているのです。

ある家の主人がぶどう園で働く人を求め、夜明けに出かけて、1日1デナリオンの約束で労働者を雇いました。しかし、それだけではなく主人はその後も9時、12時、3時、そして日没間近の5時にも広場に出かけ、くりかえし人を雇いました。

さらに奇妙なことは賃金の支払い方でした。夕方になると主人は監督に、最後に来た者から始めて、最初に来た者へと順番に賃金を支払うよう命じ、どの人にも等しく1デナリオンずつ支払ったのです。当然、最初に雇われた人たちは、主人の行動に対して不平を言いました。「1時間しか働かなかった連中と、まる1日働いた私たちとを同じ扱いにするのですか」。

しかし、主人は答えます。「あなたに不当なことはしていない。1デナリオンの約束をしたではないか。私はこの最後の者にも、あなたと同じように支払ってやりたいのだ」。主人にとって大切なことは、その人が何をしたかという業績ではなく、その人の存在そのものを受け入れ、等しくもてなすことでした。

## 現代のぶどう園

このたとえ話を読んで、私は30年ほど前に初めてお訪ねした共働学舎の宮嶋眞一郎先生を思い出しました。先生は自由学園を卒業後、母校の教師になりますが50歳で退職し、長野県小谷《おたり》村でハンディキャップを持つ人たちが共に生きる場「共働学舎」を創設しました。「競争社会ではなく協力社会を」という標語に始まる『共働学舎の構想』はホームページで読むことができますが、その1節を紹介します。
「いまの社会がこれでよいと思っている人は少ないと思います。それではどこに問題があるのか、……社会全体としては競争社会であることが根本的な問題であると思います」
「共働学舎は今の社会通念となっている点数によって評価される価値観ではなく、人間一人一人に必ず与えられていると信ずる固有の生命の価値を重んじ、互いに協力することによって、個ではできない更に価値のある社会をつくろうと願うものです」。

聖書には嗣業《しぎょう》の土地という考え方があります。北イスラエルの王アハブからぶどう畑を売ってくれと求められたナボトは、その求めを拒絶しました（列王記上21章）。ぶどう畑は、金儲けの道具ではなく、神から嗣業として与えられた土地だからです。王の求めであったとしても、またどんなに高額でも売ることはできません。それは、先祖から自分たちを経て、将来の世代へとつないで、神の恵みを享受する共同の場所なのです。

共働学舎は2024年に開設50周年を迎えました。ここは聖書のぶどう園、現代の言葉で言うならコモンズ（社会的共通資本）とも言うべき、かけがえのない場所です。

## なぜ、何もしないのか

ぶどう園の主人と最後に雇われた人たちとの対話が心に残ります。

「なぜ、何もしないで一日中ここに立っているのか」と尋ねると、彼らは、「だれも雇ってくれないのです」と言った。主人は彼らに、「あなたたちもぶどう園に行きなさい」と言った。

（マタイ20・6〜7）

彼らの答えを聞いて、主人はハッとしました。仕事をしたくても、だれも雇ってくれないことのつらさがわかったからです。主人は彼らをぶどう園に送りました。

この主人はきっと歳を重ねた人だったのでしょう。歳を重ねることの恵みの一つは、自分の知らないことや、わからないことがたくさんあるのだと気づくことです。それは私たちを謙虚にし、他者に共感することへと導いてくれます。

ノアは洪水の後、ぶどう園を作りました。それは、だれもがかけがえのない一人として尊ばれ、互いに力を合わせて収穫し、喜びを分かち合う場所を作るための第一歩でした。私たちもまた、そのようなぶどう園を作ることへと招かれています。

新約編

# 今日はぜひあなたの家に

人の本質を呼び覚ますイエスの言葉がザアカイの素直な反応を引き出す。その時からザアカイは神の前に生きる人となった。

## エリコ

ルカ 19・5

隠退して信州の村で暮らすようになって、2種類の人がいることに気がつきました。村を離れず土地に根をおろして生きる「土の人」と、あちらこちを移り住む「風の人」の2つです。どちらが良いと言うわけではありません。土の人と風の人の両方が一緒に働くことで、その土地ならではの「風土」が生まれてくるのです。

主イエスはガリラヤの町や村をめぐり歩いて、人々に神からの風を届けた「風の人」です。ザアカイはその風を受けた一人でした。

「イエスはエリコに入り、町を通っておられた。そこにザアカイという人がいた」(ルカ19・1〜2)。名前を持っている人とは、笑って泣いて、喜び、怒る、顔をもった、かけがえのない一人の人間のことです。主イエスは、そんなザアカイにエリコの町でお会いになりました。

## まっすぐな人

ザアカイという名前は「純粋な人」という意味であるそうです。しかし、それは少し皮肉な気がしないでもありません。なぜならザアカイは、人々から不純な者と賤《いや》しめられていた徴税人の頭《かしら》だったからです。もちろん、ザアカイという名前には、その名をつけた人の祈りや願いが込められていたはずです。しかし残念なことに、しばしば、そのような祈りは忘れられてしまうことが多いのです。

ザアカイはイエスが町に来られると聞いて、どんな人であるのか見たいと思いました。しかし、群衆に遮られて見ることができません。彼は背が低かったのです。助けてくれる人もいなかったザアカイは走って先回りします。そして彼はいちじく桑の木に登ることさえ、ためらいませんでした。ここに「純粋な人」というザアカイの名前の意味がよく現れています。彼はまっすぐに主イエスに向かって走りました。

「ザアカイ、急いで降りて来なさい。今日は、ぜひあなたの家に泊まりたい」（19・5）木の下に来た主イエスは上を見上げて、まっすぐにザアカイの名前を呼びました。「私はあなたが誰であるかを知っているよ」。町の人々が彼をどのように見ているか、彼自身が自分のことをどのように見ているか、そして、神にとって彼がどのような人間であるか、主イエスはそのザアカイのまるごとをご覧になって、彼の名を呼び、彼の家に入りました。そのとき、彼の心の内に「純粋な人」であるザアカイが力強く立ち上がりました。

ザアカイは立ち上がって、主に言った。「主よ、わたしは財産の半分を貧しい人々に施します。また、だれかから何かだまし取っていたら、それを四倍にして返します。」（19・8）

聞いた人々はびっくりしました。それは常識外れのけた違いの振る舞いだったからです。しかし、それはザアカイにしてみれば当然のことでした。なぜなら、ザアカイはこのとき、神の前に生きる人間としての本来的な態度に立ち帰ったのだからです。正義を行い、分かち合いに生きるという神の教えに、まっすぐにザアカイは従ったのです。ここにも彼の純粋さが現れています。

「ザアカイは急いで降りて来て、喜んでイエスを迎えた」（19・6）。ザアカイの態度は義務や強制によるものではありません。ザアカイの心の底に湧いてきた喜びが、彼を行動へと押し出しました。ザアカイは新しい人間に生まれ変わりました。

「人の子は、失われたものを捜して救うために来たのである」(19・10)。主イエスこそ、九十九匹を野原に残して、見失った一匹を追い求める真の羊飼い(15・1以下)です。主イエスの喜びが伝わってきます。

## バルティマイ

ザアカイの物語のすぐ前に、エリコの町近くの道端に座って物乞いをしていた盲人の物語があります(18・35〜43)。名前はバルティマイ(マルコ10・46)でした。ザアカイもバルティマイも主イエスに向かって走った人たちです。主イエスは群衆の向こう側を走るザアカイの思いを、そして何度叱られても叫び続けるバルティマイの心を受け止めてくださいました。こうして主イエスは、エルサレムに向かう道を進んで行かれました(ルカ18・31、19・28)。

私たちの生涯は、主イエスと一緒に歩く旅です。ザアカイとバルティマイの心を受けとめてくださった主イエスは、私たちのことも心にかけてくださいます。深い安心と喜びを持って、主イエスと共に歩いて行きましょう。

新約編

# 共同体の祈り

使徒言行録にたびたび登場する「上の部屋」。不思議なことが起こる場所。人生の中に持ちたいこの部屋はどんな場所か。

## 上の部屋

使徒 1・12 〜 14

コロナ感染症の流行を通して、私たちの生活は大きく変わりました。

教会に集まることや、病床にある方を訪ねることが難しくなりました。中には、大事な方をきちんと見送ることもできないという、つらい経験をされた方もありました。今、身に染みて感じるのは、顔を合わせて集まり、一緒にいることの大切さです。そして、共に集まり、喜びと悲しみを分かち合う体験のかけがえのなさです。

そもそも聖書そのものが、共同体によって語り継がれてきたものです。

出エジプトと呼ばれる事件があります。旧約聖書の原点とも言うべき出来事です。預言者モーセに導かれた奴隷の集団が、エジプトからの脱出に成功しました。彼らはそれが神による救いであることを信じ、シナイ山で神との間に契約を結びました。それがモーセの十戒です（出エジプト記20章）。

エジプトで虐げられ、バラバラにされていた人々は、このときから神を中心とする新しい民イスラエルになりました。彼らはもう誰かの奴隷ではありませんし、誰かを奴隷にすることもありません。神を仰ぎ、互いに敬いをもって生きる自由人たちの共同体になったのです。

## 上の部屋で起きたこと

新約聖書も共同体の物語です。イエスの十字架によって散らされた弟子たちは、復活の主と出会って、聖霊が注がれるという約束を与えられました。

天に昇る主イエスを見送った使徒たちは、イエスの言葉どおりにエルサレムに留まり、泊まっていた家の「上の部屋」に集まりました。

使徒たちは、「オリーブ畑」と呼ばれる山からエルサレムに戻って来た。……彼らは都に入ると、泊まっていた家の上の部屋に上がった。

（使徒1・12〜13）

使徒言行録は28章に及ぶ長い物語ですが、「上の部屋」のエピソードが、まるで計画されたかのように、始めと中ほど、そして終わりに、3回出てきます。

最初は1章から2章にかけての、エルサレムにおける聖霊降臨の物語です。「上の部屋」に集まった使徒たちは祈りつつ、イエスの約束を待ちました。そして、五旬祭の日、聖霊が注がれたのです。霊に満たされたペトロは立ち上がり、話し始めました（2・1〜40）。

2番目は、タビタと呼ばれる女性をめぐるエピソードです（9・36〜43、ここで「上の部屋」は「階上の部屋」と訳されています）。タビタはヤッファの信者たちの間で良い働きをした女性ですが、病気で亡くなり、ペトロが呼ばれました。遺体が安置された階上の部屋では女たちが泣いていました。ペトロがひざまずいて祈り、「タビタ、起きなさい」と言うと、タビタは立ち上がりました。

3番目は、トルコの町トロアスにおける出来事です（20・7〜12）。エルサレムに向かう旅の途中、立ち寄ったパウロの話を聴くために信者たちが階上の部屋に集まりました。ところが長々と続く話に眠気をさそわれたエウティコという青年が、窓から落ちてしまいます。すぐに下に降りたパウロは彼を抱きかかえて言いました。「騒ぐな。まだ生きている」。生き返ったエウティコを見て人々は大いに慰められました。

## 天に向かって開かれた場所を

使徒言行録にくりかえし出てくる「上の部屋」とは、どのような場所なのでしょうか。それは、天に向かって開かれた部屋のことです。日常の暮らしの場所である階下から、階上の部屋に上がり祈るとき、私たちの心は広く、大きく、神に向かって解き放たれ、私たちは自分のいのちを新しく、大きく捉え直すのです。旧約聖書のダニエルは危機に直面したとき、家に帰り「いつものとおり二階の部屋に上がり」、窓際にひざまずき、祈りと賛美を神にささげました（ダニエル書6・11）。

ペトロと女たちは、上の部屋でタビタを亡くした悲しみを分かち合いました。上の部屋は、神の民である私たちに向かって開かれた部屋です。それは、生活の中に用意される、天の神に向かって開かれ、また世界に向かって開かれた集いの場、共同の祈りの場所です。

心を合わせて祈り、神から来る希望と勇気を与えられて立ち上がる「上の部屋」を、暮らしの中に用意しましょう。これこそが、歳を重ねて、忙しく立ち働くことができなくなった私たちのできる奉仕です。

新約編

# 平和のはじまり

人生は計画通りに行くとは限らない。設計図から外れたところから新しい出会いがはじまり、新しい世界が開かれる。

## カイサリア

使徒 **10・34～35**

平和というと私たちは、つい戦争とか国際問題などを考えて、自分とは遠い問題、手に負えない問題だと考えてしまいがちです。

しかし、医師の日野原重明さんは「究極的な平和運動は、こころをあたたかにして時間を共有することです」と言っていました。これなら、私たちにもできそうです。何か行き違いがあった時、勇気をだして出かけ、心をひらいて一緒に過ごす時間を持てたら、どんなに良いことでしょう。そして、「ああ、そうなんだ」と共感し、わかり合うことができたら、それはもう平和です。２０００年前の生まれたばかりの教会のリーダー、ペトロはそんな平和を経験しました。

## 幻に導かれて

エルサレムから西に60キロほどの港町ヤッファ（使徒9・43）で、ペトロは不思議な幻を見ました（10・11）。天からあらゆる獣と地を這《は》うもの、空の鳥が入った大きな布の入れ物が下りてきて、「これを屠《ほふ》って食べよ」という声を聞いたのです。「とんでもない、私はこれまで清くない物は何一つ食べたことがありません」とペトロが答えると、天から「神が清めた物を、清くないなどと、あなたは言ってはならない」（10・15）と声が返って来ました。それが3回繰り返されたのです。

ペトロが幻のことを考えていると、訪ねてきた人がありました。カイサリアの百人隊長コルネリウスからの使いでした。カイサリアはその名前のとおりローマ皇帝を記念して作られた町で、ローマの総督と守備隊が駐屯していました。

ペトロは戸惑いました。ユダヤ人は律法により外国人と交際することや、食事を共にすることが禁じられていたからです。しかし、神の霊が告げます。「ためらわないで一緒に出発しなさい。わたしがあの者たちをよこしたのだ」（10・20）。

使いの人たちによれば、コルネリウスも幻を見て、神からペトロを招くよう示されたとのことでした。ペトロは翌朝、使いの人と一緒にカイサリアに向かって出発しました。

ペトロとコルネリウスの出会いは、幻の導きによるものでしたから、自分たちの計画にはないことでした。どうも私たちは、自分の計画どおり人生が進むことが良いのだと思い込んでいるふしがあります。しかし、そうはいかないことが多いのです。そして不思議なことに、そのときをどう生きるか、それこそが大切なのです。ペトロとコルネリウスは自分が計画しなかった出会いを通して、新しい世界に向かって目が開かれていきます。

## イエスの与える平和

コルネリウスは親類や友人たちを呼び集めて待っていました。ペトロの足元にひれ伏すコルネリウスに向かって、ペトロは言います。「お立ちください。わたしもただの人間です。私たちユダヤ人は外国人とつきあうことは禁じられていますが、どんな人も清くないとか、汚れているとは言ってはならないと神に示されたので、やって来ました」。ペトロは自分が見た幻の意味がわかったのです。

コルネリウスも言います。「よくおいでくださいました。今、私たちは皆、主があなたにお命じになったことを残らず聞こうとして、神の前にいるのです」。

2人の言葉を通して、人間の根本的な姿が現されています。まさに私たちは「ただの人」です。どの一人もかけがえのない人間として、他の人たちと一緒に神の前に立ち、神の言葉を聞こうと待ち望んでいる。それが私たちです。ペトロとコルネリウスは、自分たちの背負っている律法や帝国、立場の隔たりを超えて、神の前に共に立つ者同士として、ここで出会いました。ですから、ペトロは言います。

神は人を分け隔てなさらないことが、よく分かりました。どんな国の人でも、神を畏れて正しいことを行う人は、神に受け入れられるのです。（使徒10・34～35）

「よく分かりました」というペトロの言葉が身に染みます。耳では聞いて、頭では知っていたけれど、相手の所に出かけ、直接会って、時間を共有することで、彼らはイエス・キリストの与えてくださる平和が本当によくわかりました。

自分がわかっていなかったことが、身に染みてわかり、悔い改めと祈りと感謝へと導かれる。歳を重ねることによって与えられる恵みの一つは、確かにこのことであるのです。

新約編

# パウロとテモテ

人生という旅になくてならない3つのもの、それは「そばにいる人」「体と命を支える物」、そして「言葉」。

## 旅の途上

Ⅱテモテ 4・13

### 見捨てられたパウロ

「ぜひ、急いでわたしのところへ来てください」（Ⅱテモテ4・9）。パウロの切迫した気持ちが伝わってきます。パウロはこのとき、追い詰められていたに違いありません。

パウロは紀元1世紀、初代教会で活動した大伝道者です。この手紙を書いたとき、パウロはひどく弱っていました。「見捨てて」（4・10）、「皆わたしを見捨てました」（4・16）と繰り返しているように、彼は孤立していました。

そこでパウロは旅先から、信頼する弟子テモテに手紙を書きました。パウロはテモテを「信仰によるまことの子」（Ⅰテモテ1・2）、また「愛する子」（Ⅱテモテ1・2）と呼んでいます。

## パウロの三つの頼み

パウロはここで三つのことを頼んでいます。それは、私たちにとっても大いに参考になるリストです。たとえば第一の「マルコを連れて来てください」（Ⅱテモテ4・11）。これは、「そばにいて」（4・17）くれる人の大切さを私たちに教えてくれます。孤独と孤立は、他の何よりも私たちを脅かします。そのとき、自分のそばに立ってくれる人がいたら、どんなに力強いことでしょう。

第二は「外套を持って来てください」（4・13）。傍らにいてくれる人の存在に続いて大切なのは、身体を暖める衣類、力を与える食べ物、安心できる居場所など、具体的、実際的な支援です。「冬になる前にぜひ来てください」（4・21）とパウロは念を押しています。寒さの冬が近づいているのです。

そして最後に来るのが書物（4・13）、つまり言葉です。言葉は具体的な物に添えられて届くときに、「ああ、そうなんだ」と私たちの腑に落ちてきます。だからこそ、主イエス・キリストは体を持つ人の子として、私たちの世界にお出でになりました。主イエスは受肉された神の言葉です。

私たちになくてならぬもの、それは「そばにいる人」、「体と命を支える物」、そして「言葉」です。

## 外套

外套については、旧約聖書におもしろいエピソードがあります。預言者エリヤが天に移されたとき、後継者であるエリシャにエリヤの外套が与えられました。つまり、外套は、神から委ねられた力と権威のシンボルです（列王記下2・8、13、14）。それは「衣鉢《いはつ》を継ぐ」という言葉とよく似ています。

そうだとすると、ここでパウロは、神から与えられた伝道の使命をテモテに渡すことを考えていたのかもしれません。旅の終わりを思いながら、パウロはテモテに外套を渡し、神から与えられた恵みと使命を手渡そうとしているのです。

## 祈りの共同体

先日、眞壁伍郎先生から、ケティ・ホール（1918〜1990年）さんの『静かな祈りのときのために』という本を送っていただきました。聖書日課ローズンゲンによる祈りの導きの本です。眞壁さんはこの本をルツ・ヘットカンプ宣教師から紹介されたそうです。ルツさんは日本いのちの電話を創設された方で、私も四竈揚牧師を通してよく知っていました。そのルツさんが毎朝読んで祈っていたのが、ケティさんの本でした。

ケティさんは牧師の妻だったお母さんが始めた黙想の冊子を引き継いで30年間、書き続け、眞壁さんが翻訳したのはその最後の1年間、1984年の黙想です。

私たち夫婦は朝の日課としてローズンゲンを用いてきました。結婚祝いに義母・田代姫代がプレゼントしてくれました。彼女は青年時代に深津文雄牧師と親交があり、その深津牧師が創設したベテスダ奉仕女母の家が、ローズンゲン日本語版を発行してきたのです。

ローズンゲンが私の手元に届くまでの道のり、そしてケティさんの本が届くまでの道のりを思いました。多くの人々の祈りと奉仕の年月が、そこには積み重ねられています。目には見えないけれど、聖書を読み、祈る人々の交わりと連なりが、広く確かに存在しています。それは、今、生きている私たちも、そして天に移された人々も含んでいる交わりです。豊かな、途切れることのない大きな祈りの交わり、共同体の中に私たちは生かされているのです。

この祈りを継承すること、それこそが到来する冬の備え、私たちが受け取り、受け渡していく外套です。主があなたと共にいてくださいますように、恵みがあなたがたと共にありますようにと、私たちは祈りを交わしましょう。

新約編

# 元気を出しなさい

不安に覆われた世界にあって皆が共に生き延びるために必要なのは、一緒に話し合い、考え、力を合わせて行動すること。

## 海

使徒 **27・22、24**

聖書に出てくる人たちは、本当によく歩きます。神に呼ばれたアブラハムは生涯を歩き通して、信仰の父と呼ばれました。歩くことは生きることであり、信仰は「主の言葉に従って」（創世記12・4）歩き続けることです。

けれども聖書には、船に乗った人たちも登場します。ノアは箱舟を作りましたし（6～9章）、預言者ヨナは船に乗って神から逃げました（ヨナ書1章）。主イエスはガリラヤ湖で嵐を静め（マルコ4・35～41）、初代教会の大伝道者パウロは、大変な苦労をして地中海を渡りました（使徒27章）。

### 護送されるパウロ

ローマ帝国をめぐり歩く3回の伝道旅行を終えたパウロはエルサレムに上り、ローマ兵に逮捕されてしまいます（使徒21・27以下）。パウロは皇帝に上訴し、ローマに護送されることになりました。以前からパウロはローマに行くことを願っていましたから（ローマ15・22～24）、囚人としてではあっても、ローマ行きを神の導きだとパウロは受け取ったことでしょう。

百人隊長の指揮のもとパウロを乗せた船が海に乗り出すと、暴風が船を襲いました。船を救うために積み荷を捨て、船具を投げ捨てましたが嵐はやまず、彼らの助かる望みは消え失せようとします。パウロは立ちあがって人々に語り始めました。

元気を出しなさい。船は失うが、皆さんのうちだれ一人として命を失う者はないのです。……「パウロ、恐れるな。あなたは皇帝の前に出頭しなければならない。神は、一緒に航海しているすべての者を、あなたに任せてくださったのだ。」

（使徒27・22、24）

いろいろな立場の人が船に乗りこんでいます。政治的な力を代表する百人隊長、経済的な力を持っている船主、船を操る技術者の船長と船員たち、そして、まったく力を持たない囚人、船は雑多な人々の入り混じる小さな社会であり、私たちの世界のモデルです。

そのすべての命が自分に任せられていることを知ったパウロは、さらに語りました。「皆さん、元気を出しなさい。わたしは神を信じています。……わたしたちは、必ずどこかの島に打ち上げられるはずです」(27・25～26)。ここでパウロは「わたしたち」と言っています。皆が同じ運命を共にする仲間たちなのです。

## 古い秩序を脱ぎ捨てて

しかし、嵐の中、皆がパニックに陥り、秩序は失われます。船員たちは船を見捨てて逃げ出そうとしますが、パウロの助言を受けた兵士はそれを阻みました。不安の中、食事をする意欲もなくなった人々に向かって、パウロはもう一度呼びかけます。「どうぞ何か食べてください。生き延びるために必要だからです。あなたがたの頭から髪の毛一本もなくなることはありません」(27・34)。いつの間にか立場は逆転し、百人隊長でもなく、船長でもなく、囚人であるパウロが船の導き手になりました。

パウロが感謝の祈りをささげ、パンを裂いて食べ始めると、皆も元気づいて食事を始めました。嵐の中、食事を共にする人々の姿は、パウロが告げる約束と希望によって新しい共同体が生まれていることを示しています。

「元気を出しなさい」というパウロの呼びかけは、現代の私たちにも向けられています。

不安に覆われた今日の世界にあって、皆が生き延びるために必要な一つのことを、今、ここで一緒に話し合い、考えて、力を合わせて行動する。それが私たちのできることであり、なすべきことです。

ついに船が浅瀬に乗り上げ、壊れだすと、人々は皆、船を捨てて海に飛び込みました。積み荷を捨て、船具を捨て、穀物を捨て、錨《いかり》を切り離して海に捨て、舵《かじ》の綱を解き、最後は頼みにしてきた船を捨て、古い秩序を脱ぎ捨てて海に飛び込みました。その先に新しい世界が開かれます。こうして276人全員が無事にクレタ島に上陸しました。

その後、ローマに到着したパウロは「自費で借りた家に丸二年間住んで、訪問する者はだれかれとなく歓迎し、全く自由に何の妨げもなく、神の国を宣べ伝え、主イエス・キリストについて教え続け」（28・30〜31）ました。

船の旅を通してパウロが見いだした新しい共同体、それはすべての人に開かれた、自由ともてなしの家です。私たちの家もまた、そのような家であることができるのだと、私は思います。

新約編

# 離れた場所にあって

離れていても節目節目に交わす挨拶。それは私たちが主にあって一つであり、安心と希望を共有していることを示す。

## ローマ

ローマ 16・8 ～ 10

遠くの友から「この秋、そちらを訪ねたいのだが、君の都合はどうだい」と電話がありました。「うれしいな。せっかく来るのなら、どこに案内しようか。お城に行ったことはあるかい。上高地まで足を伸ばすのもいいし、もちろん温泉も……」と言うと、「いや、そんなことはいいのだ。君に会いに行くのだから」と答えが返ってきました。コロナ禍を経て私たちは、顔を合わせて挨拶することのかけがえのなさを身に染みて知りました。

聖書の時代の旅は、今よりもっと大変だったはずです。イスパニアに行く計画を立てたパウロは、ローマの信徒たちに旅の途中に立ち寄りたいと手紙を書きました。その中でパウロはたくさんの名前をあげ、心をこめて「よろしく」と挨拶しています。

主に結ばれている愛するアンプリアトによろしく。わたしたちの協力者としてキリストに仕えているウルバノ、および、わたしの愛するスタキスによろしく。真のキリスト信者アペレによろしく。アリストブロ家の人々によろしく。（ローマ16・8〜10）

ローマに行ったことのないパウロが、どうしてそんなに名前をあげることができたのでしょう。当時のローマ帝国では人々の移動と交流が活発でした。パウロは実際にプリスカとアキラ（16・3）にコリントで会っていますし（使徒18・2）、その他の人たちについての消息も教会の間で伝わっていたのでしょう。「主に結ばれて」（ローマ16・2、3、8、13）とあるとおり、イエス・キリストの信仰によって人々は一つに結ばれていました。

それは現代の私たちにとっても同じです。戦争があり、人々を引き裂く多くの隔ての壁がありますが、国境をこえて私たちは主に結ばれて一つであり、力を合わせて平和を作る使命を与えられているのです。

## 子どもたちの挨拶

現役を退いてから、幼稚園のお手伝いをするようになりました。子どもたちの一日は「おはよう」の挨拶から始まります。「今日はどんな良いことがあるかな」「大丈夫かな」、期待と不安の入り混じった挨拶に、私は「おはよう、よく来たね、うれしい一日が始まるよ」と言って、子どもたちを迎えます。

砂場にやって来る子が「いれて！」と言うと、「いいよ」「ありがとう」の挨拶が交わされて、一緒に遊び始めます。「ごめんね」は子どもにとって、とても難しい挨拶です。ケンカした2人の間にしゃがみこんで「どうしたの、どうしたいの、どうしたらいいのかな」と一緒に考えます。時間はかかっても「ごめんね」と言える子どもたちはすごいな、と思います。

一日の終わりは「さようなら」です。もっと遊びたいと思っても、必ずお帰りの時間がやってきます。遊んだ道具を片付けて「また、遊ぼうね」と約束してお別れです。

挨拶が大事なのは子どもだけではありません。私たちの生涯に節目を付けるのが挨拶です。高齢者にとってとりわけ身近で切実な挨拶、それが「さようなら」です。

## またお会いする日まで

聖書を通して知ることのできる、パウロの消息の最後の場所はローマです。「全く自由に何の妨げもなく、神の国を宣べ伝え、主イエス・キリストについて教え続けた」という使徒言行録の結びの言葉（28・31）は、いかにもパウロの生涯にふさわしいものです。そして、それは世の終わりまで主イエスを証しする教会の姿を表しています。

私たち一人ひとりの地上の生涯は、時間の限りの中で終わりますが、私たちの信仰は将来に向かって開かれています。ですから、私たちは安心と希望をもって、このように「さようなら」の挨拶を交わすのです。

「さようなら。お別れの時がきました。あなたに神の祝福がありますように」「ありがとう。私の生涯は愚かで、誤り多いものでしたが、赦され、支えられて、ここまで歩くことができました」「直接会ってお詫びしなければなりませんが、かないません。ごめんなさい」「神さま、どうぞ、私の罪をお赦しください。今、全部を神さまの手にお委ねしてお別れします」「それがどのようにであるかはわからなくても、またね、と言うことのできる信仰をいただいていることが、私の希望です。さようなら、またお会いする日まで」。

新約編

# 生き方を変える

世のしがらみの中で立場でしか生きることのできない私たちにも、イエスの言葉は深く語りかけて生き方を変容していく。

## エルサレムの墓

ヨハネ3・3

### イエスとの出会い

福音書を読んでいると、ファリサイ派の人々は頑固な律法主義者で、イエスを迫害した人たちだと考えてしまいがちです。しかし、中にはイエスに共感する人々もいたようです。たとえば、ニコデモがその一人です。

ニコデモはユダヤの議員で、ファリサイ派に属していましたが、彼はイエスの噂を聞いて、ぜひ会いたいと思いました。しかし、ファリサイ派はイエスを、律法を破壊する危険人物だと敵視していましたから、話は簡単ではありません。そこでニコデモは人の目をさけて、夜、イエスを訪ねることにしたのです（ヨハネ3・1〜2）。彼の行動を臆病だと非難するのは簡単ですが、私はむしろニコデモの勇気を認めるべきだと思います。

イエスに会ったニコデモは、心からの敬意をこめて言いました。「ラビ（先生）、わたしどもは、あなたが神のもとから来られた教師であることを知っています。神が共におられるのでなければ、あなたのなさるようなしるしを、だれも行うことはできないからです」（3・2）。

しかし、イエスの答えは何とも率直、そして、痛烈なものでした。

人は、新たに生まれなければ、神の国を見ることはできない。（3・3）

「これまでの君の生き方を変えなくては、何も始まらない」とイエスは直言しました。ニコデモは驚いて、「そんなことができるわけがありません。年をとった者が母親のおなかの中にもう一度入るなんて」と言いました。自分が積み上げてきたものを捨てて、新しく踏み出すことが、ニコデモにはできなかったのです。

すると、イエスはさらに「あなたはイスラエルの教師でありながら、こんなことが分からないのか」（3・10）と言われました。ニコデモは一言も答えることができず、この場から退場します。

残念な結末でしたが、ニコデモがイエスを訪ねたことは無意味だったのでしょうか。そうではありません。「新しく生まれなければならない」というイエスの言葉は、彼の心に刻み込まれたことが、その後のニコデモの行動からわかります。

最初は、ファリサイ派の人々がイエスを悪しざまに言ったときのことです（7・45～52）。ニコデモは「我々の律法によれば、まず本人から事情を聞き、何をしたかを確かめたうえでなければ、判決を下してはならないことになっているではないか」（7・51）と反論しました。偏見や思い込みでなく、神の言葉である律法に立ち帰って、まず事実を確かめてから判断すべきではないか、とニコデモは言うのです。彼の心には、イエスとの出会いが生きていました。

## 言葉に導かれて

それだけではありません。十字架で亡くなったイエスの葬りのときのことです（19・38～42）。イエスの弟子であることを隠していたアリマタヤ出身のヨセフが、イエスの遺体の取り降ろしを願い出ると、ニコデモも没薬と沈香《じんこう》を混ぜた物を持って、やって来ました。2人はイエスの遺体を受け取り、香料を添えて亜麻布で包み、新しい墓に納めました。

ニコデモの心の中には、生前のイエスに従うことのできなかった悔いもあったはずです。でも、ニコデモは彼なりの歩き方で、葬られるイエスのもとに到着したのです。最初の出会いのときから、最後のイエスの葬りのときまで、イエスの「新しく生まれなさい」という言葉が、いつもニコデモを導きました。ニコデモはイエスの死を悼み、香料を添えて遺体を亜麻布で包み、墓に葬りました。そして、3日目、その墓からイエスは復活されました。

新約聖書の世界をトレッキングする旅も、これで一区切りです。墓から始まり、墓で終わる旅になったのは思いがけないことでしたが、これも70歳を過ぎた者の、日々、残されているいのちの時が限られていることを思う心を反映しているのでしょう。まったく無力な者として死なれた主イエスの体をしっかり見つめ、悔い、悼み、葬ることの先に、愚かさと罪、絶望と死を超える、神から来る新しいいのちの希望が与えられます。

今しばらく、生涯という旅は続きます。ひと時ひと時をかけがえのない神からの贈り物として、ゆっくり、深く、大切に生きていきましょう。その旅の上に心からの祝福をお祈りいたします。

# あとがき

朝毎に、北アルプスの山々が見えます。かつて登山は若者たちのものでしたが、今ではたくさんのシニアが山を訪れ、トレッキングを楽しむ人たちも増えました。ひたすらに山頂を踏破するのではなく、山麓の道をゆっくり辿り、はるかな眺望を見晴して、今、生かされている命を全身で感じて享受する旅こそ、今の私にはふさわしいようです。

トレッキングのように、聖書の世界を歩いてきました。歩き始めると聖書の世界だけでなく、自分の歩いてきた人生の道も見えてきました。私たち家族を支えてくださった方々、各地の教会で一緒に祈り、働いた仲間の顔が思い浮かんできました。私の旅は決して独りぼっちの旅ではありませんでした。そこにはいつも嬉しい旅の仲間がいました。そして、誰にも先だって、私を呼んでくださった神がいてくださったのです。

この本ができあがるためにも、多くの方々の支えがありました。提案くださった土肥研一さん、『信徒の友』の連載のときにお世話になった宮地冬子さん、篠原治哉さん、そして本として整えてくださった伊東正道さん、そして原稿になる前の最初の聴き手となってくださった松本筑摩野伝道所の方々、ありがとう。皆さんは私の心強い旅の仲間です。

２０２４年　秋

大澤　秀夫

大澤秀夫（おおさわ・ひでお）

1948年、東京都生まれ。
1971年、3年間の企業勤務の後、東京神学大学に編入学。
1976年、卒業。その後、日本基督教団経堂北教会、百合丘伝道所（現・栗平教会）、松本教会、敬和学園大学、茅ヶ崎平和教会での牧会・教育を経て、
2020年、隠退。松本市に移住。
2021年より、学校法人鈴蘭幼稚園理事長。
**著書**
『グループスタディ12章　マルコによる福音書』（日本キリスト教団出版局）

**装幀**：デザインコンビビア（飛鳥井羊右）

**カバー写真提供**：日本基督教団八ヶ岳教会

70歳からのキリスト教――聖書でたどる人生の道

2024年11月22日　初版発行


著者　大澤秀夫

発行　日本キリスト教団出版局

169-0051 東京都新宿区西早稲田2丁目3の18
電話・営業03（3204）0422　編集03（3204）0424
https://bp-uccj.jp
印刷・製本　モリモト印刷

ISBN978-4-8184-1180-7 C0016
Printed in Japan